洪子雲　著

U0108786

中國傳統婚姻
與兩性的現代哲思

商務印書館

裝幀設計	麥梓淇	
責任校對	趙會明	
排　　版	周　榮	
印　　務	龍寶祺	

中國傳統婚姻與兩性的現代哲思

作　　者	洪子雲
責任編輯	吳佰乘
出　　版	商務印書館 (香港) 有限公司
	香港筲箕灣耀興道 3 號東滙廣場 8 樓
	http://www.commercialpress.com.hk
發　　行	香港聯合書刊物流有限公司
	香港新界荃灣德士古道 220-248 號荃灣工業中心 16 樓
印　　刷	美雅印刷製本有限公司
	九龍觀塘榮業街 6 號海濱工業大廈 4 樓 A
版　　次	2022 年 6 月第 1 版第 1 次印刷
	© 2022 商務印書館 (香港) 有限公司
	ISBN 978 962 07 4648 2
	Printed in Hong Kong

本書出版承蒙香港理工大學專業及持續教育學院研究基金贊助。

謹以此書獻給

　　　　我的妻子

序

　　我們這一代聽聞到愈來愈多身邊認識的一些人離婚的消息，如有中學老師告訴我，她學校曾經鼓勵每位同學都分享他們的家庭照片和故事，但一看照片竟發現差不多一半家庭都是單親，有些甚至沒有父母，只有祖父母。與不少同輩朋友討論，不約而同地覺得世界變得很複雜。我們上一代父母、祖父母們及一眾親戚朋友的婚姻關係雖多因窮困而不像愛情電影般激情浪漫，但關係尚算穩定和恩愛，大家也為了家庭努力地工作和生活。就算有些長年為金錢而爭執的夫婦，也都會努力地忍受對方，衝突過後始終會和好如初，老來彼此照顧。近年與學生們討論有關中國婚姻家庭的話題，發現多了年輕人會反問：究竟現代社會是好了，還是差了？

　　筆者在香港成長，常因耳濡目染聽到對傳統婚姻的批評，例如傳統婚姻是三妻四妾，父母之命、媒妁之言，婚姻關係中沒有自己，女性受盡七出之條、三從四德、貞節、纏足等封建觀念和習俗壓迫，且對女性充滿歧視，高舉男主外、女主內的「分工」，女性變相失去自由，社會地位亦極為低微。幸而，我們生於現代社會，男女地位平等，年輕人可以自由戀愛，很多

人原本期望現代愛情應該是浪漫而幸福的，但原來當可以自由選擇伴侶時，別人也有自由選擇拒絕你！並且，就算有機會開始一段戀愛關係，甚至結婚，現代人卻好似愈來愈難維持一段長久的關係。一雙情人起初總帶着激情和興奮的心情進入戀愛和婚姻，卻有不少最終帶着不忿與怨恨而分開；以致愈來愈多人都認為我們這一代是「愛無能的世代」，甚至偶爾有些同學會認同傳統婚姻更好！究竟現代人出現了甚麼問題？為何我們生於這富裕、進步、文明的社會，婚姻關係卻好像比我們那些封建、守舊、專制、盲從傳統的先祖們更不濟？是否現代人已進化到不再需要婚姻？抑或是我們已失去了某些東西？

筆者過去幾年有幸在香港理工大學專業及持續教育學院任教通識科目「中國家庭與文化」，有機會帶着很多現代人的問題，重新認識和思考這些傳統中國婚姻及家庭的課題。筆者過去一方面受神學和聖經研究訓練，今天研究中國文化，盡量希望以易地而處的眼光了解這些傳統規範的形成和婚姻家庭的精神。筆者常提醒自己：古時的人都不是傻的呀！為甚麼有這麼多現今看來不合理的文化習俗？究竟古人當時是想甚麼、考量甚麼呢？另一方面，筆者亦受泰勒（Charles Taylor）和伽達默爾（Hans-Georg Gadamer）的詮釋學影響，意識到每個人（無論是傳統或現代）的閱讀、了解和認知都無可避免受到他既定的文化框架（framework）、視域（horizon）或成見（prejudice）所影響，即使到今天，很多現代人的價值觀其實都是來自傳統觀念在歷史中的發展和演變而成。因此，我們必須了解過去才能更好地了解現代的自我。筆者並非要擁抱傳統，我常說時代的

確是改變了，我們不可能回到傳統社會，現代社會亦的確有不少優於傳統社會的地方（當然，一些在現代社會依然有價值的傳統觀念、元素我都是會支持的）。但既然今天的觀念是發展自過去的傳統觀念，我們就必須認識和思考傳統才能更好地了解今天乃至未來。

本書得以著成，乃受益於昔日一眾老師的教導、朋友學人間的交流、過去教會弟兄姊妹間的分享，和閱讀過千位學生的家庭故事並與他們的討論所得。本書不單從歷史、宗教和哲學角度出發，亦涉獵人類學、心理輔導、社會學的分析，可謂一跨科際的進路，並帶着筆者不少獨特的研究心得。希望本書對有關議題可有獨特貢獻，亦期望透過本書可與不同學人對中國婚姻與兩性文化一起進行反思和交流。

目錄

序   i

婚姻篇

1 古人是跟阿媽姓或跟爸姓？

 —— 探討古代的婚姻家庭形態 2

2 為甚麼傳統中國會由母系社會發展為父權社會？

 —— 母系社會與父系社會 10

3 誰才是父權社會的受益者？

 —— 對母系社會起源說法的爭議.....................................16

4 傳統婚姻禮俗為何如此繁瑣？

 —— 論三書六禮...27

5　一紙婚書有甚麼意義？

　　── 婚姻與禮治社會 38

6　父母之命，子女就無自由選擇嗎？ 45

7　媒妁之言怎樣解決擇偶問題？

　　── 媒妁之言之利弊 56

8　傳統中國真是三妻四妾嗎？

　　── 妻與妾的歷史成因 63

9　儒家會支持同性婚姻？ 75

兩性篇

10　三從四德是壓迫女性的思想嗎？

　　── 夫妻關係的變遷 82

11　童養媳 ── 傳統中國地位低下的女性 90

12　「男主外、女主內」造成女性地位低下？ 96

13　陽尊陰卑是否等同男尊女卑？ 107

14　女子無才便是德？

　　── 談傳統中國女子教育 116

15 「烈女」有多烈？

　　—— 婦女在歷史中面對貞節的兩難和掙扎.................. 125

16 貞節是否已經過時？

　　—— 現代對貞節觀的反思................................. 135

17 纏足有快感嗎？

　　—— 從纏足看女性地位與主體性......................... 140

18 「七出之條」是壓迫女性，抑或是保護女性？............. 147

19 為不用結婚而感恩？

　　—— 離婚的現代反思................................. 156

20 這是最自由的世代，這是愛無能的世代！

　　—— 從傳統到現代婚姻關係的哲思........................... 160

參考書目.. 173

婚姻篇

1 古人是跟阿媽姓或跟爸姓？
—— 探討古代的婚姻家庭形態

　　所謂的遠古時代，就是指夏、商、周之前，三皇五帝的神話傳說時代，估計距今約四千至八千年。根據古籍記載，古時生產力十分落後：

> 　　上古之世，人民少而禽獸眾；人民不勝禽獸蟲蛇……構木為巢，以避羣害……。（《韓非子 · 五蠹》）

> 　　野居穴處，未有室屋，則與禽獸同域。（《新語 · 道基》）

> 　　昔者，先王未有宮室，冬則居營窟（洞穴），夏則居增巢（以樹枝築巢）；未有火化，食草木之實，鳥獸之肉，飲其血，茹其毛；未有絲麻，衣其羽衣。（《禮記 · 禮運》）

　　古時人類未懂得用火，主要以果實為食糧，並茹毛飲血生吃鳥獸；未懂得用絲麻造衣，只以羽毛造成衣服。簡單來

說就是過着原始人的生活，甚至與野獸的生活難以區別。由於禽獸多而人類少，人類的原始生活充滿威脅，而且從生物學角度看，人的生存能力不比其他各樣動物強：體型不如猛獸強壯，牙齒又不及鼠類鋒利，亦不像雀鳥本能地懂得築巢技術，但人類卻懂得模仿動物的強項和運用工具製作複雜器具和物品改善生活。比如他們學懂構木為巢作居所，但柴屋不能抵受強風，故到冬天會住在洞穴裏。以上既是人類在遠古時代得以存活的重要因素，更反映了人類獨特的智慧。（相比今天，人類數目過盛，鳥獸的生存反而受到威脅，甚至有不少鳥獸正面臨滅絕危機，須透過刻意保護和人工飼養才得以存活，怪不得偶然會有電影說人類才是地球最大的威脅。）

不同典籍對三皇五帝都有不同的描述。有些典籍指所謂的「三皇」是伏羲氏、神農氏及女媧，亦有指是伏羲氏、神農氏及燧人氏。由於古時文字少，有些三皇記載亦只是基於推敲。三皇後就是五帝，五帝時代距今約在四、五千年（公元前3076年至2677年），五帝一般指黃帝、顓頊、嚳、堯、舜。據推論古時黃河流域一帶有一姬姓部落，首領是黃帝，該地域土地肥沃，當時的人主要從事農業勞動和捕魚。另一個為姜姓部落，首領是炎帝，當時這兩個部落經常發生衝突，最終發生了阪泉之戰，黃帝打敗了炎帝，最終兩個部落結盟，成為華夏民族的起源，故今天中國人總表示自己是炎黃子孫。後來黃帝又在涿鹿之戰中打敗了其他部落，成為共主，但其實華夏民族原先人數並不多，地域亦不算廣（約為今天河南省核心一帶延

及黃河中下游地區），卻孕育了中華文明之誕生。到周朝時，凡遵守周禮之諸侯皆稱華夏、諸夏、中原或中國，與四夷外族作區別（東胡、西戎、南蠻、北狄），而南方人（包括廣東）當時便被稱為蠻夷，即無文化之意（原來今天很先進的香港在古時只是蠻夷！），並非華夏民族。只是後來各民族間不停衝突、吞併和融合，再經北魏孝文帝漢化後，華人人數才變得如此龐大，唐朝開國皇室正是漢族胡族融合的例子（陳寅恪，1998：14）。

信史時代之三皇五帝其實只是古時原始部落的首領，與後來的皇帝大不相同，只因後人認為他們有重要貢獻，才尊他們為皇為帝，甚至把他們奉為神靈，衍生出各自的神話故事。例如伏羲氏歸納其所探測的天文地理知識，並製定八卦和曆法；神農氏嘗百草，奠定中醫最基本的原理；燧人氏發現鑽木取火；而女媧在神話傳說中以黃泥造出精緻的人，後來發現太費時間，便粗糙地鞭打泥地，使濺起的泥塊變成一個個人，所以後來的人類便有貴賤優劣之分，另亦有女媧補天之傳說。[1] 這些傳說一方面神化了他們，另一方面亦反映中國人喜歡把貢獻偉大的人封為聖人供奉。

由於遠古時代未有文字記載，對當時人的生活只能靠口耳相傳，因此今人對遠古時代很多相關記載都只是估計，很多時更是從神話故事中推測而得。因此，今天對於遠古時代的婚姻

1　有關女媧造人和補天治水的神話介紹和分析，可參考歐慧英、李振邦（2012）的文章。

家庭所知亦很少，只能推斷有兩個特徵：（一）血緣羣婚和（二）「知母不知父」的母系社會。

根據古籍記載：

> 昔太古嘗無君矣，其民聚生羣處，知母不知父，無親戚兄弟夫妻男女之別，無上下長幼之道。（《呂氏春秋・恃君覽》）
>
> 男女雜游，不媒不聘。（《列子・湯問》）

古人認為，遠古尚未有社會制度，人類羣居，男女雜亂性交，沒有媒人和聘娶，即是沒有婚姻制度。又因男女可以隨意與不同人性交，子女只知母親而不知道誰是父親，故亦沒有任何家庭關係秩序，既不可能分辨親屬關係，亦不會重視人倫關係 —— 此可謂今天性解放人士的天堂。而對古代婚姻最早文字相關記載可能就是伏羲及女媧。其中一個版本的傳說指伏羲與女媧原是兄妹，古時洪水氾濫，人們全被淹死了，只留下伏羲和女媧兄妹二人，後來他們參問上天，指示他們結為夫婦，使人類得以繁衍。

另一個更有趣的神話，在帝嚳時代，有一隻叫槃瓠的狗因戰功娶了帝嚳之女，住在山洞內，生了六男六女，槃瓠死後，六男六女結成夫婦。這表面看來是人獸交和亂倫的故事，但學者估計槃瓠其實是人，狗只是該部落的圖騰。古時部落都會以圖騰代表的該部落，即以某動物當作自己的祖先或保護神，亦籍此建立族羣認同，有如今天的國旗。因此又有說十二生肖是

原始部落的圖騰。筆者估計，今天中國的「龍」，根本是一合成獸，實際上並不存在，龍集鹿角、虎頭、蛇身、鷹爪於一身，可能是源自古時人們把不同圖騰最強的特徵結合，成為綜合圖騰，以表示不同氏族部落之間的結盟和團結。[2] 有如今天中國的五星紅旗，大五角星代表共產黨，其餘四顆小五角星分別代表工人階級、農民階級、城市小資產階級和民族資產階級，象徵中國在共產黨領導下的團結。

　　無論是伏羲與女媧或是槃瓠，這些神話都涉及血緣婚姻關係，故郭沫若（1954：9、201）認為這為「野合的雜交時代或者血族羣婚的母系社會」[3]，即今天所認為的亂倫關係。但其實中國很早期已禁止同姓通婚，而最初出現的亂倫情況，有人推論指是因為繁衍後代所需，而後來因何又禁止亂倫，歷史卻說不清。一般認為是優生考慮，但亦有可能是維護家庭關係的緣故，家人間的性愛容易產生親人之間的嫉妒與怨恨，亦會影響對父母親屬應有的尊敬。電影《米尼的第一次》（*Mini's First Time*）正講述一個因亂倫而導致弒親的故事，米尼因與繼父發展了一段瘋狂、激情的關係，慢慢感到母親成為兩人關係的障礙，又因為不想分家產給母親而合謀迫瘋甚至殺害母親，這電影反映了不少中年男子受年輕女子操縱的可悲，更深刻展示了漠視倫常關係的可怕之處。[4]

2　杜維明亦認為「龍」反映古代部落結盟的標誌（1991：4）。

3　有學者還會分開「原始羣婚」和「血緣婚」，分別只在羣婚人數多少而已，筆者就不再區分。

4　有關亂倫問題的討論，可參洪子雲《中國人的家庭智慧》（2021：11-13）。

五帝時代較為人熟悉是禪讓制度的堯、舜。根據《史記·五帝本紀》記載，堯帝想物色一人接替他管治天下，但因覺得子嗣丹朱品行不好，未能擔此重任，廣納不同意見後，四岳[5]推薦舜，因為他為人孝順，能以德服人，因而把兩個女兒娥皇及女英嫁給舜，以觀察他是否可靠，之後才安心把統治者之位傳給他。可見，孝順對中國人來說是甚為重視的德行，即使是挑選政治領袖，也會以孝順為優先考慮條件。談到舜的孝德，舜的母親自幼便已離世，其父瞽叟與後母誕下一弟名字為象，其父與弟卻時時想謀害舜。曾有一次二人對舜說倉房屋頂破爛需要修補，當舜爬到屋頂之上時，二人竟想放火燒死他，幸好舜以斗笠作翼跳下，才幸免於難。另一次，二人請舜幫忙打井，當舜在井底時，二人向井扔石頭想活埋他，象更到舜家中想強娶娥皇女英，怎料舜突然出現，嚇了象一跳，原來舜從井底的通道走到另一井口得而逃出生天，象看到舜時裝作表示很想念其兄，舜還向象稱他真是好兄弟（《史記·五帝本紀》）。這是一個很值得參考的事蹟，儒家經常引用舜為模範，即使舜的父親和弟弟經常想陷害他，但他仍然很孝順父母，善待弟弟，據聞其父及弟最後亦被感化，並擔任官職，此是否屬實則有待考究。在舜的事例中，他因同時娶娥皇和女英為妻，而象亦想同時娶走娥皇和女英，使二人因而產生矛盾，郭沫若就指出舜的時代有亞血緣羣婚，或稱「夥婚」或稱「普那路亞婚」（Punaluan Family），即一羣

5　「四岳」可能是當時四方諸侯之長。

兄弟與一羣姊妹結婚，是屬於族外婚，「姊妹共夫，兄弟共妻」與之前，與之前血緣羣婚不同在於它禁止親兄弟姊妹結婚。其實今天中國內地的少數民族仍有幾兄弟娶了幾姊妹為妻的情況。

之後因着生產方式改善和優生考慮而禁止近親結合，漸發展出對偶婚，即眾多配偶中亦有一特定的主夫和主妻，成一夫一妻制的雛形，並開始可能判斷生父是誰。這些以母親生產及以母親為生活中心的社會，被稱為母系社會或母系氏族社會，世系以母系排列。今天中國一些少數民族仍有母系社會，如摩梭族，子女出生後跟母親同住，以母系家庭為中心。即中國人原先是從母姓，之後才變為從父姓。為甚麼有如此轉變？要留待下章討論。

但筆者想先在這裏指出，這母系社會起源理論其實有不少爭議之處，其中，郭沫若對舜的故事的詮釋最具爭議性。他的弟弟象以為哥哥舜死了，便想強娶哥哥的兩位太太，郭沫若以此解釋為反映早期存在血族羣婚。但筆者卻認為舜的故事正正反映着父權制早已存在。首先娥皇、女英嫁給舜不是出於自己本意，是由父親作主，兩位女兒甚至只是政治工具。由於傳統社會年輕男女社交圈子並不廣泛，他們一般都會按父母和媒妁的安排。所以也不排除兩姊妹都願意聽從父親指示，覺得無所謂，反正世界上沒有太多好男人。這一點之後我們討論父母之命、媒妁之言會再詳析。而從舜的故事中，已可見男性遠比女性更有話語權，而且，舜的弟弟象是預備在他死後才娶他的太太，如果是羣婚，為何要等舜死？如

果是血緣羣婚，哥哥的太太本身亦是他自己的太太，沒有理由要等哥哥死後才娶，這正反映當時的社會其實並非血緣羣婚型態。

2 為甚麼傳統中國會由母系社會發展為父權社會？

—— 母系社會與父系社會

上一章提到三皇五帝時期可能屬於母系氏族社會，所謂氏族社會，即以血緣為紐帶結成的社會和經濟的基本單位。氏族社會基本上有血緣關係，如黃帝姬姓，炎帝姜姓，每一個部落的人都有共同的祖先。很多時十多人或數十人居住在一起，共同生產，共同使用工具，共同分配食物及生活所需，即是大同社會或共產社會，沒有階級分別。今天很多學者都認為中國社會先是母系氏族社會，然後才演變成後來的父系氏族社會。

有甚麼根據可以推論古代的社會是母系氏族社會呢？除了古籍提到古人「知母不知父」，另有其他一些根據：

一、從前有很多聖人，如黃帝、炎帝和夏商周始祖等，記載中都只有母親而沒有父親，並且都是感天而生。舉例：

• 有關始祖黃帝的出生記載，在《竹書紀年》卷上有記錄遠古有名叫附寶的女子，晚上在野外採摘果實時，忽然被北斗

星熾烈電光包圍，附寶感到身上有了觸動，回去後便懷孕，25 個月後生下了黃帝軒轅氏。

- 《史記 · 五帝本紀第一》記載，炎帝母親是在郊遊時感受到神龍而懷孕生下炎帝。（如何受神龍感孕則真是要多加想象！）

- 另《帝王世紀》載，女樞感受到瑤光（北斗七星的第七星名）便生下顓頊。

- 《吳越春秋》記載，女嬉吞吃了薏苡（一種草本植物）後生了大禹。

- 五帝之一帝嚳有四個妻子，次妻簡狄一次在河中沐浴，見玄鳥（燕子）從天空墮下一蛋，簡狄把蛋撿起來吃了下去，後即懷孕生下了商族的始祖「契」。（所以常叮囑大家不要在外胡亂拾食物吃，後果可大可小！）

- 帝嚳第一位妻子姜嫄在郊外踩了巨人的足跡（是「進擊的巨人」？！）而受了感應，生下兒子后稷，即周民族始祖。

以上傳說人物的母親有些有丈夫，有些沒有丈夫，但全都不知道誰是生父，（身為五帝之一的帝嚳，竟有兩個妻子生下的兒子都不知生父是誰！）並都說成是受神靈感孕，這些聖人全都帶有神聖而奇妙的出生故事。後世的學者不相信她們由神靈感孕，認為這些記載反映她們已不知道兒子生父是誰，甚至沒有父親的觀念，所以才用神靈賜子的傳說解釋。

二、從古代姓氏中亦能發現母系社會遺下的痕跡。正如，黃帝姓姬、炎帝姓姜、夏是姒姓、周是姬姓、秦是嬴姓，均有

「女」字。根據《史記》堯、舜皆從母姓，反映夏禹前可能都是母系社會。無獨有偶「姓」這個字，由「女」而「生」，是否正反映從母的意思呢？

三、古代墓穴在舊石器時代是不分年齡、性別合葬的，即是好像亂葬崗一樣。新石器時代墓葬形式就開始出現變化，如仰韶文化中的西安半坡遺址，推論在公元前 4800 年至 3600 年，男女開始分區埋葬，以單身落葬或同性別合葬，但不會男女合葬，而女性陪葬品比男性豐富，學者看到這個情況後，推論當時社會女性地位較高，沒有固定性伴侶，甚至性伴侶並不在氏族之內，反映可能是母系族羣。

另一個在新石器時代的墓葬，是黃河上游馬家窰文化遺址，約為公元前 3300 年至 2100 年墓。墓葬中發現有 53 個男性的墓，當中有 45 座有生產工具作陪葬品，8 座用紡輪作陪葬品；31 座女性的墓中，3 座是生產工具，28 座是紡輪作陪葬品，可以估計男耕女織的分工開始出現。

另外，於公元前 2500 年至 1500 年的甘肅齊家文化遺址墓葬，有十多個男女合葬，估計是夫婦。男子放在右邊，仰臥直肢，女子放在左邊，側身屈肢面向男子，這樣的墓葬反映當時已出現婚姻制度，並有男尊女卑的情況。另一個則為一男兩女合葬，男子居中，仰臥直肢，女子放在左右兩邊，側身屈肢面向男子。（如有第三個女子不知會安放在哪個方向？）並在墓葬中發現陶且（以陶土捏成男子生殖器的形象），不少學者指是反映對男性生殖器的崇拜（但亦有學者認為那是古

代的自慰工具），反映父權制開始建立，母系氏族漸被父系氏族取代。

基於古代社會是母系氏族的說法，有學者對禪讓制度提出質疑。如郭沫若（1954：84-85）、張濤及項永琴（2012：13-22）質疑禪讓制度不傳給兒子並不是因為大公無私，而是當時是母系社會，誰是自己的親生兒子都不知道，若親生兒子在另一個族，沒有理由找外族人管治自己的族羣，故推論禪讓制度是母系社會的繼承方式，是一種選舉領袖的方式，因為兒子在另一個族中，根本不能承繼父親的地位和財產，所以他們認為禪讓是母系社會的選舉制度。但對於古時是否全為母系社會仍有爭議，留待下章討論。

夏、商、周的父系家庭型態

根據《史記 · 本紀》，夏朝始於禹，終於桀，共約 400 多年，期間歷任 17 位皇帝繼位，其中 13 任是由父傳子，這裏反映了父權制的雛型在公元前廿一世紀已初步形成。這亦解釋了為何從前有這麼多神話，而往後不再以神話形式流傳，因為在父權制之下，中國人喜以族譜追溯自己的祖先，最早可追溯到禹、契和后稷的年代，又因在此之前的已找不到生父而未能追溯，故將祖先的歷史變成種種神話故事。而且在夏朝，一夫一妻制已具雛型，大多記載都是一夫一妻，而較少見「三妻四

妾」的情況。到了商朝，[1]根據殷墟（如今河南安陽小屯一帶）中發現的甲骨文和鑄在青銅器上的金文，得以知道一夫一妻制正式確立，並且有妻妾妃嬪的區別。在傳統中國，妾與正室（妻）是很不同的。到了周朝，周公制禮作樂，傳統的婚姻家庭制度基本完成。

原始社會如何由母系社會轉變到父系社會的過程，可參考摩爾根（Lewis Henry Morgan）的《古代社會》（*Ancient Society*）（1887）一書，其推論母系社會轉變成父系社會是因為生產工具的普及，改善農業生產，體力勞動更有優勢的男性便愈來愈富有，並有了私有財產，男性亦慢慢佔據支配地位，而且當累積財富後，亦希望將財產傳給自己的兒子，故須確定誰是自己的兒子，因而確立子嗣的制度，使母系社會慢慢被父系所取代，由從母姓改為從父姓，形成父系社會（張濤、項永琴，2012：13-21）。自此，大部分地方（包括中西方）主流都是兒女從父姓（入贅除外），只有少部分地方氏族仍為母系社會，或仍容許從母姓的個別情況。簡單解釋母系社會過渡為父系社會的主因

1　夏、商、周被一些學者稱為奴隸社會，其實這個說法受到很多質疑。中國平民百姓是否可稱為奴隸？就算真的有所謂「奴隸」，亦與西方的很不同，主張奴隸社會的郭沫若亦承認，中國的農奴和西方奴隸是不同的，中國的農奴有身體上的自由，可自主婚嫁，並掌握某些生產工具，在耕作的土地上有相當大的自由，亦有一定程度的社會人格地位，而奴隸不單無自由，不能自主婚嫁，而且只視為生產工具。有學者亦指出《孟子》裏提到的井田制中公田裏勞動的人其實百姓是以勞役的方式繳稅，換來貴族在軍事上的保護，這正正反駁奴隸社會的講法。較為合乎古代文獻的說法似乎是：當時主要的人為庶人，即平民百姓，他們有自家戶，當然要納貢賦稅，但不是如奴隸般無償勞動。中國就算真有奴隸都只是極少數，都是罪犯和戰俘於宮廷和貴族家中服侍，數目並非如古希臘、羅馬般佔全國人口五成以上，為社會生產的主要勞動人口。

就是因為農業生產普及後，男性在生產上佔了主導權，地位提升，亦累積大量財產，進而便要確立子嗣制度以確定繼承人。但其實這理論仍是有爭議的，此部分留在下章討論。

3 誰才是父權社會的受益者？
—— 對母系社會起源說法的爭議

對母系社會起源說法的質疑

若然古代是母系社會，一般來說即代表家庭由母親作主。但對古代氏族為母系社會起源之說法筆者仍抱有一些質疑。古代母系社會起源說是一個很現代的理論，古書並沒有母系社會的概念 —— 傳統中國不會說古代社會是母系社會。母系社會的觀念最早來自一位西方馬克思主義人類學家摩爾根的《古代社會》，馬克思和恩格斯都深受此書影響，[1] 而此二人又對國內很多研究中國家庭的學者產生影響，其中郭沫若《中國古代社

---

1 其實除了摩爾根（Morgan）、馬克思和恩格斯之外，當時較有名的學者還有 John Ferguson McLennan、Edward Burnett Tylor 和 German Adolf Bastian，他們都共同受到 Johann Jakob Bachofen 的 *Mutterrecht* 一書觀念影響，Bachofen 最先主張人類原先是雜交的，之後漸形成部落，再形成母系社會，之後才變成父系社會。有關詳細討論可參考 Ann Taylor Allen（1999）。

會研究》便正是以馬克思的唯物史觀為基礎，指出周朝之前是所謂原始共產主義時期，並且是母系氏族社會，西周則類似希臘羅馬的奴隸制社會，到東周及秦以後才是封建社會（1954：18）。[2] 此書雖然亦受到很多質疑，但亦主導中國社會史學趨勢（Arif Dirlik, 2005: 113-148）。而中國學者對母系社會的討論主要始於 1950 年代，此時馬克思主義盛行，故估計有關討論與共產黨執政後，馬克思成為主流思想很有關係，也多少可能受到政治意識形態的影響（陳剩勇，1993：120）。事實上，母系起源的說法受到一些社會主義、女性主義學者歡迎，也可能有其道德考慮，因為母系社會中男女關係的確比較平等，較少競爭，這種社會實使人嚮往，母系社會亦沒有特定婚姻制度，性關係開放，亦受到性解放主義者歡迎。但這只為我們的詮釋和構想，歷史事實卻不一定都是理想的。

郭沫若對舜的故事的詮釋最具爭議性。郭氏指舜的弟弟象想娶舜的兩位妻子的舉動，解釋為反映了血族羣婚的情況，但正如上章分析，筆者反而認為舜的故事正正反映當時是父權社會。事實上，以前民族志中對所謂的「羣婚」，可能是誤解，並不一定都真是「羣婚」。例如東非山布魯人中，雖有一羣男女一起結婚，但每人都有固定配偶，並非大家享有妻子或丈夫；今天人類學家發現那些狩獵採集，即所謂石器時代的原始民俗，並沒有發現摩爾根所謂的男女雜交的階段，反而自人類社

2　郭沫若（1954：vi）在新版引言對推測時間有所修改，認為早在殷商已是奴隸社會，直至到春秋與戰國之交，但基本論點無變。

會形成起就有「亂倫禁忌」，防止雜交的現象（陳剩勇，1993：121）。而古文中「知母不知父」、「男女雜游，不媒不聘」的講法可能是反映戰國時期學者推論遠古原始人男女雜交，未有婚姻家庭的制度，亦談不上是「血緣羣婚」。

從墓葬形式看，之前已提到新石器時代（夏朝及之前）的墓葬已反映了男耕女織的分工，男女合葬明顯地顯示婚姻制度的出現，男性直臥的姿態甚至反映了父系社會的特徵。至於遠古時代西安半坡遺址的墓葬採男女分開入葬形式是否就代表母系社會，其實亦有商榷空間。再而，女性的陪葬品較多，是否一定代表女性的地位較高？可能只是該女性較富庶或比較得寵，正如張一方（2008：32）指出：「殷墟的婦好墓、長沙的馬王堆、印度的泰姬陵何等輝煌，也並不說明母系氏族社會，只表明她們的地位或受寵程度。」以商朝殷墟的婦好墓為例，歷史記載，婦好由於自己的功勳和美貌，特別受到武丁寵愛，所以她的墓葬亦甚為隆重。而且現時發現類似的墓穴其實仍很少，難以就此推論整體情況。試問如果今天有不熟悉歷史的人發掘出武則天非常奢華的墓葬，便以此推論出唐朝是母系社會，會否太武斷呢？

古代是母系社會的說法亦可能違反主流進化論思想，張一方（2008：31）指出進化論認為人是從猿猴而來，但猿猴羣中並不見母系社會，我們只知有猴王，並不見有女猴王；而獅子羣亦由一頭雄獅和一羣雌獅組成，如果動物界都不多見母系社會，為何進化到人類時是由母系社會開始呢？不過，今天我們知道猿猴中的倭黑猩猩（bonobo）是屬於母系社會，它們與黑

猩猩（chimpanzee）及人類的 DNA 都非常相似，而且性情比黑猩猩溫和，常以性行為和雜交建立和平共處的關係。儘管如此，倭黑猩猩在猿猴中仍只屬少數，而且在戰鬥競爭中，恐怕不敵黑猩猩，故不是猿猴的普遍現象，更不能因此推斷出母系社會就是古代人類普遍的家庭組織形態。

再加上我們今天所知的原始部落大多都是父系社會，即使有母系社會亦只是少數（陳剩勇，1993：119），即便在雲南，雖有摩梭族是母系社會，但其他如獨龍族、基諾族、德昂族、布朗族、拉祜族等都為父系氏族，摩梭族只屬雲南省中個別例子。這又如何能確定一定是母系社會先於父系社會呢？故此，有學者批評這種對人類文化宏觀發展的理論是單綫進化論，以西方文化「進步論」為前提，為歐洲中心主義作論證，忽略了不同地理環境所造成的文化差異，是屬於過度猜想的歷史和理論（朱炳祥，2004：20-21）。事實上，西方對母系社會的說法主要盛行於十九世紀，到了二十世紀西方已甚少討論，轉而傾向原始社會中男人作為獵人主導部落，為女性、兒童提供食物，而女性則操持家務。當然這些理論亦充滿爭議（Maynes & Waltner, 2012, Ch. 1）；其實探討歷史時有多少猜想成分是無可避免的，但如果過於被某一意識形態影響，硬要迎合某一立場的猜想，則有欠說服力。

如果說母系社會都是由女性主導，那如何解釋夏朝以前的三皇五帝都是男性？當然可能有人說三皇其中一位是女媧，但其他七位仍是男性，未見得女性有主導社會的地位。此外，筆者常懷疑在戰爭中，一個女性主導的母系部落如何能抵擋

男性主導的父權部落的侵略？事實上，傳統社會較多奉行父權制的原因正是因為戰爭頻繁。戰爭時期，參軍打仗的大多都是男性，即使在和平時期，亦會為了預備戰爭而積極發展武裝力量，此外，武力亦是統治部族最有效的方式，因此，在經常發生戰爭衝突的古代社會中，男性的力量就有着極大的優勢，以致兩性地位不平等（Maynes & Waltner, 2012, Ch. 3）。這亦可能解釋了為甚麼現存少量母系社會大多處於地理偏僻的位置，可能正是因為這些地方缺乏戰略價值，才能避過戰爭威脅，且不需要依賴男性發展武裝力量。

另外，聖人受神靈感生的神話亦未必一定理解為支持母系氏族的證據，因為有學者認為那些所感之物（巨人腳印、玄鳥蛋等）其實都是象徵男性生育功能，甚至神龍和北斗星其實都是代表男神，可見神話故事仍是強調男性在生育中的主導位置。不過，正如陳瑤、黃海鵬（2012）所說，神話女性亦並非完全被動，這些感生神話既反映母系社會特徵，亦有着父系社會的特徵。至於堯、舜從母姓方面，一說反映母系社會，但亦有一說古代的姓氏其實是政治術語，是治理土地和人民的象徵，與血緣不一定有關係（林正勝，2012：9-11）。

誰才是父權社會的受益者？

另外，就算古代母系社會論點真的成立，原始社會如何由母系社會轉變到父系社會，其過程亦是令人很懷疑的。為甚麼

會出現這制度轉變？變為父權社會，究竟是對父親抑或是母親有更大的收益？

馬克思（n.d.）和恩格斯（1954）認為，人類生產力增加後，便漸形成對偶婚，亦相對較專一，父親較可確定誰是自己子女。之後便如上章提及，因男性愈來愈富有，亦擁有了私有財產，並慢慢地掌握支配地位，當財富累積而壽命將盡時，就想由自己的兒子繼承遺產，遂確立了子嗣制度，久而久之，母系社會才會慢慢被父系社會取代。

但當中有一個疑問，為何生產改善會使人更專一？所謂「飽暖思淫慾」，古今很多例子都說明當男人富有後，自然吸引更多異性自願親近，男人也會更為放縱慾望，尋找更多性伴！再而，為何男人富有起來之後，要緊張誰來承繼自己的財富？一方面，就算今天摩梭族，男人走婚後都回娘家住，也不一定能確定誰是自己兒女；另一方面，就算知道誰是自己兒女，他家庭依然是母親家，子女是誰也不會對他個人利益有任何影響，為何要緊張誰人承繼自己的財富？這是出於一種原先沒有的家庭責任感和觀念，並非經濟利益可以解釋的。男性與女性於生育上始終不同，女性經歷十月懷胎，清楚誰是自己子女，一般亦不忍心拋棄他們；而男性無需經歷十月懷胎的過程，並且不一定知道子女是誰的，因此對原本不認識的子女不一定有濃厚的感情。而且，男人若是指定某人將來承繼自己財產，實質上會對他造成更多限制及壓力，至少在使用金錢時多了顧慮。人類學家 Meyer Fortes（1987: 226）在考察非洲塔倫西部落時就觀察到父親與長子之間存在着張力，父親會覺得長子在

等待他快些死去以繼承遺產。事實上在中國歷史中，皇帝和太子、眾皇子之間亦存在這樣的張力，皇帝一天未過世，太子地位都有可能被廢，而皇帝亦會擔心太子篡位。在現今社會，偶然我們亦能看到一些忤逆子女為家產殺父弒母的新聞，試問為何要刻意找一個人來覬覦自己的財產？豈不為自己挖雷？可以想象，如果一個富有的男人，不知誰是自己的兒子，可以多找幾個女人風流快活豈不更快樂？為何要如此有責任感找出自己的兒子讓他繼承財產，並要承擔有可能被人謀害的風險？

再者，在父系社會男人是否真的會較富裕？參照現今摩梭族，很多男人都不怎麼幹活，又可四處走婚[3]，故被稱為男人的天堂，女性才是照顧家庭主要的勞動力。故由母系轉為父系，除了名義上男性擁有更多的權力外，他實質要付出更多，還要承擔起照顧家庭、養育兒女的責任（劉寶駒，2006：41-43）。筆者剛看到一探討貧窮問題的新聞專輯，片中個案是一名內地女子，認識了香港男人後未婚懷孕，怎料孩子未出生時該男人突然失蹤，以致兩母子生活非常艱難，母親甚至想過自殺。對於個案中兩母子，那離去的男人是出於尊重女性自主？缺乏父權意識？抑或是不負責任？若那男人說他離去是為反抗父權制，支持女性自主，恐怕只會使女士們對該男子更為反感。可見父權制不僅使男性對女性和家庭有更多權力，同時亦帶來更多對女性和家庭的責任。若然有一天摩梭族男性提倡由母系

3　走婚是摩梭人習俗，即指當男女情投意合，男性可在晚上進入女性房間發生關係，並在天亮前離開，而生下的小孩會歸女家撫養。

轉為父系，筆者估計也是出於家庭責任觀念的轉變，而非出於經濟利益的考慮。事實上學者 John Lubbock 亦認為單單私有財產的出現亦不足以解釋父權的產生，還要對家人兒女產生關愛之情才會發展出父權制（Stocking, 1995: 3-34; Allen, 1999: 1093）。而儒家亦視這種對家人的優先關愛是自然人性的表達（《孟子‧滕文公上》）。而對女性來說，處於野蠻、弱肉強食的時代，體力較弱又要照顧幼童，給予男性一些權力以爭取到男性協助照顧和保護，並且給予他們對家庭責任的價值觀念，的確有利她們和幼童的存活。碰巧筆者觀點與進化心理學有點相似，進化心理學家亦認為婚姻的主要功能是通過招募父親以幫助撫養孩子和保護家庭，從而最大限度地提高父母雙方的生育成功機會（Weisfeld & Weisfeld, 2017: 5-6）。筆者並非認為僅有價值觀念便會影響社會家庭制度，因筆者相信社會家庭制度的發展都不能以單一因素解釋，當中社會經濟、軍事和價值觀念等都是可能影響因素。因此，從筆者角度看，馬克思的母系起源說便過於專注經濟因素，而忽略了軍事、價值觀和情感等因素。

今天，大多古生物學家都不認為早期部落是以核心家庭為主，尤其是舊石器時代時，生活艱苦、物質貧乏，連生存都不容易，更沒有甚麼私有財產可承繼，雖會有男女分工，但也未必會出現所謂父系或母系社會，就算有亦未必明顯出現男尊女卑的情況。尤其面對野獸及其他部落的侵略時，男男女女以部落形式羣居，彼此互相照顧並分工合作養育下一代，因他們知道部族各人若不通力合作就不可能敵擋外族的侵害；而當他們

要捕殺大型動物時，往往亦要將動物迫到懸崖上或沼澤地上，這種捕獵方式需要動員整個部落成員，不論男性或女性都要合作參與，這種情況下根本很難說明當時是父系還是母系社會，更可能男女地位相對較為平等的情況。[4] 但由於性愛關係會產生嫉妒，故此也有可能會共同制定婚姻制，繼而形成家庭制，以確定各配偶間排他性的關係，以免因嫉妒而引致部落內的紛爭，這亦很可能是傳統中國禁止同姓通婚、亂倫的原因。

之後部落隨着生產力提升而累積財產，尤其個別家庭可能比其他家庭更具生產力，累積更多財產時，這些家庭為了維持並延續其獨特地位便要處理承繼遺產的問題，在這情況下，不同部落便可能因為這些因素而各自發展出母系或父系部落。事實上周朝之前「姓」和「氏」是分開的，「姓」可能就是出自母系部落，「氏」則可能出自父系部落（王利華，2007：42），這可能反映遠古同時存在着一些父系和母系部落，故很難從現有證據推論出何者才是古代社會的普遍情況。但由於部落間亦會發生戰爭，在當時部落領袖往往亦是軍隊領袖（事實上，歷史中各朝代的開國皇帝大多原本都是將軍），筆者估計於武力上母系部落是不敵父系部落的，故此漸漸大多都轉變為父系部落，母系部落可能被侵略，又或被父系部落同化，而部分位處偏僻的母系部落則可維持（事實上隨着資訊科技和文化交流，今天摩梭族婚姻觀念亦漸有漢化趨勢），這解釋了為何大多已

4　這看法啟迪及修改自 Stephanie Coontz（2006：34-51）有關婚姻起源的理論。

知的原始部落民族都是父系制或父權制。[5]

另一方面，犁的發明不單使農業生產力大增，亦使男性的生產力上的優勢更大，因為犁具較重，一般女性體力上的確不及男性，況且女性會懷孕生育，還要照顧幼兒，隨着女性在生產方面的重要性下降，男性地位便得以漸漸提升。而且，憑推論可以相信，古代部族還要面對很多野獸，而不論進行狩獵或是農耕活動都需要很大的體力，從生理角度上，普遍男性的體力都是比女性更佳，在古代社會生存自然更有優勢。而男性佔支配地位的現象，不單出現在人類中，在動物界亦十分常見。

另外，部落間漸漸亦發覺可透過彼此聯婚而建立部落間的友好關係，既壯大彼此實力，又可進行一些簡單貿易互惠互利，更可避免部落內部因近親生育所帶來的問題，結果一個個小部落慢慢結合成為大部落，甚至形成國家的雛型。而隨着個別家族愈來愈強大，亦出於家庭責任的觀念，他們對子女婚嫁要求愈來愈嚴格，既為確保家族的勢力和地位，亦同樣希望保障子女婚後的生活。因此筆者認為，父權制於古代社會的形成並非單單表示男性擁有權力支配女性，而女性只得無奈地受男性壓迫，這忽略了女性自身的主體性（subjectivity）和能動性

5　有說母系社會和女權社會嚴格定義上並非完全等同的；就算堯、舜時期真是母系社會，亦不代表是女權社會，母系社會只反映子女是從母姓，血脈延續按照母系傳承、按母系繼承遺產，但不代表女性就是社羣中最有權力的（吳飛，2014）。尤其於新石器時代，戰爭、狩獵等都可能需要男子出外從事較長時間的遠征，子女從母居，由母親承擔起照顧家庭及某些農業生產的事務亦是很自然的分工方式（陳剩勇，125-6）。雖然定義上可區別母系社會和女權社會，但筆者認為兩者實際上分別並不大，因為在制度還未鞏固之前，子女跟隨哪人姓氏往往亦都反映那方是較有權力的人。

（agency）（苗延威，2006：245）。就算在古代社會，女性亦不是完全處於被動，就算處於野蠻時代，女性亦會積極與男性互動以爭取更多有利的空間；事實上不少文獻顯示，女性於父權社會中並不被動，女性實際上是作為妻子、母親的角色，積極參與培育、塑造男性的工作（何宇軒，2018）。至於遠古社會，男女兩性亦不一定是對立關係，更大可能是協作、甚至是彼此關愛照顧的關係，因此，無論男女在父權制中其實都可得到一些好處。

但亦是因體力差異與生產力考慮的緣故，傳統中國宗法制家庭十分重視生養男嗣以發展家族，以致女性地位愈來愈低下，甚至對母親構成壓力。有不少個案反映當母親第一胎生的是女孩，她們會受到婆婆（即男家的母親）鄙視，而女兒成長過程亦會感受到自己不受歡迎而很自卑。很多人會怪罪儒家封建禮教，但其實不只是傳統中國，西方傳統社會於生育方面亦是十分重男輕女。對此，筆者認為主要成因是因古代社會經濟是以農業、狩獵為主，因此體力較佳的男性更容易居主導地位。到現代隨着工業化、商業化、科技化的發展，經濟生產模式轉變為更加重視知識和人際關係，女性於經濟和事業上的成就早已不遜色於男性，甚至有不少已超越男性，以筆者為例，身邊已有不少朋友妻子收入比丈夫還高。所以時至今天，我們已可見重男輕女的情況已大大消退，甚至筆者近年總聽到好些母親說她們「恨生女恨到流口水！」因為女兒孝順、顧家，結婚後還常常關心父母。兒子就「無心肝」，結婚之後都只跟着老婆，不多理會自己父母。

4 傳統婚姻禮俗為何如此繁瑣？
—— 論三書六禮

「婚姻」之名從何而來？根據《白虎通義》：「昏者，昏時行禮，故曰昏。姻者，婦人因夫，故曰姻。」可見古時婚姻親迎（接新娘）必在黃昏之時，故稱為昏。之後為要與黃昏的「昏」字區別，才改「婚」。並且女因男而來，故曰姻。

中國傳統婚禮：三書六禮

中國傳統婚禮一向被指繁瑣，最有名的就是三書六禮，「三書」即是聘書、禮書及迎親書。「六禮」儀式由周朝設立，在中國已流傳了二千多年，是指納采、問名、納吉、納徵、請期、親迎。

一、納采

男家透過媒人向女方提親，如女家同意，男家再備禮正式

向女家求婚，禮通常是雁，代表終身專一。

二、問名

如果女家收了男家的禮，男家就會託媒人向女家問女方姓名和出生日子。

三、納吉

問名後便會占卜，求問時辰八字。在古時選擇兒媳是很難的事情，每戶人家都想找到最好的，但亦很容易出錯，古時人認為納吉是重要參考，如果婚姻不美滿，又找不到其他出錯的原因，那就要怪罪於挑選的人，因此算命不僅是充當決定的工具，同時也被用作把錯誤的責任推卸給上天意志的辦法，即使日後婚姻不美滿也只能被視為天意。當然真正挑選兒媳的主要因素還是取決於雙方父母的喜好，但卻將挑選的責任包裝說成天意決定。即使如此，這種方法實際上是有助於維持夫妻關係（費孝通，2006：36）。現今的人已很少進行納吉，大多都是先談戀愛再結婚，而很少在談婚論嫁的階段再占卜問是否相沖相克。即使算出雙方時辰八字不吉利，算命人都可提出一些所謂化解方法。

四、納徵

問吉凶後，得到吉兆時便會請媒人通知，並把聘書交給女家，之後便會正式訂婚，男家會請媒人到女家送聘禮，俗稱「過大訂」。女家接收了聘禮後，雙方便不能悔婚，並同時把禮書交給女家。

五、請期

然後男家會選擇好婚期，請媒人帶同禮物到女家，通知對

方婚期，徵得同意便安排婚禮。

六、親迎

在婚期當天男家會到女家迎接新娘，香港通稱「接新娘」，女方的父親會在門口迎接新娘，帶到祠廟拜祭祖先，然後新娘以花轎把新娘接到男家，到男家後拜天地、拜祖先、夫妻對拜，親迎的時候男家便會帶同迎書到女家，即婚書，舉行共牢、合巹等儀式。過程中除了男家家長會給予女家聘禮，女家家長也會給予男家嫁妝，女家嫁妝一般與男家聘禮相若，若嫁妝太少會被視為失禮。事實上，聘禮與嫁妝可視為雙方父母為新家庭提供的物質基礎（費孝通 2006：37）。

共牢、合巹與結髮

之後在婚禮中，新郎新娘會進行「共牢而食，合巹而酳」（《禮記 · 昏義》）。共牢，是指新郎新娘一同吃祭祀後的肉，象徵夫妻尊卑相同；合巹交杯，即取一個葫蘆分開兩半，大家合巹，象徵夫妻結合。為何用葫蘆，據聞周禮原先不止六禮，而是七禮，第七禮是「敦倫」，即行房。周公當時想向公眾示範七禮，進行至第七禮時，妻子不肯配合，碰巧看到有一人手持葫蘆經過，而葫蘆與人形相似，便以葫蘆示範。有些還會在合巹之後各自剪下一縷頭髮合在一處，成為結髮，故之後又稱為「結髮夫妻」。合巹、結髮後便可以洞房。

洞房前有鬧新房

但民間習俗中，洞房前會先鬧新房，重點在於戲弄新郎新娘。詩經亦有一詩記載反映了鬧新房的習俗，《詩經‧唐風‧綢繆》其中一段：

> 綢繆束薪，三星在天。
> 今夕何夕，見此良人。
> 子兮子兮，如此良人何！

綢繆束薪，即把柴草捆在一起，比喻結婚；三星在天，即抬頭看到天上的三星，很美的夜境，氣氛很好；今夕何夕，見此良人，即今天是甚麼日子，見到如此美人；子兮子兮，如此良人何，即問新郎今晚如何對待他的新娘。詩中表達比較隱悔，但應該是在比喻鬧新房。其實古時的戲弄都只是親嘴，今天即使在教堂行禮後，新人都會親嘴，但有時一些鬧新房活動亦會很「過火」，使讀書人覺得不堪入目。筆者亦曾試過出席婚宴，席上玩弄新娘新郎的遊戲充滿性意涵，可「媲美」大學迎新營的意淫遊戲，場面非常尷尬，幸好家中小孩沒有出席。故古文亦有記載：

> 今嫁娶之會，捶杖以督之戲謔，酒醴以趣之情慾，宣淫佚於廣眾之中，顯陰私於親族之間，污風詭俗，生淫長姦，莫此之甚，不可不斷者也。（《昌言‧羣書治要》卷四十五）

俗間有戲婦之法，於稠眾之中，親屬之前，問以醜言，責以慢對，其為鄙黷，不可忍論。（《抱朴子 · 外篇 · 疾謬》）

傳統中國雖然比較保守，婚前強調男女之別和貞節，但對婚內性生活相對比較肯定，不至於要人婚後禁慾。故《白虎通德論 · 卷九 · 嫁娶》說：

人道所以有嫁娶何？以為情性之大，莫若男女。男女之交，人情之始，莫若夫婦。《易》曰：「天地氤氳，萬物化淳。男女稱精，萬物化生。」人承天地施陰陽，故設嫁娶之禮者，重人倫、廣繼嗣也。

人為甚麼要嫁娶？人類最豐富的情感、心性莫過於男女之慾，而透過結婚締結男女之間情感就是情慾最好的表現。所以古人明白男女之間的情慾動力很大，故孔子強調要「道之以德，齊之以禮」（《論語 · 為政》），婚姻是在一個健康的關係中表達男女之間的情愛。亦有引述《易經》「天地氤氳，萬物化淳」，即天地原本混沌，透過天氣與地氣，合二氣相交產生萬物；男女亦如此，萬物中雌雄、陰陽相感相交，生生不息。故古人設立婚姻制度是繼承天地法則，按陰陽規律，建立人倫關係，廣立後嗣。

成婦之禮和廟見之禮

結婚洞房後，據傳統中國儀式第二天還有「成婦之禮」和「廟見之禮」。「成婦之禮」即拜舅姑（公婆），於迎親次日清晨舉行，新婚媳婦淋浴盛裝，拜見公婆，獻上棗、栗、腶脩（即肥豬肉），寓意一早（棗）、自律（栗），斷斷自修（腶脩），管理好家庭，再獻盛饌；飯畢，公婆從客位下堂，媳婦從主位下堂，表示家庭從此就交給兒媳婦打理。從前妻子的任務主要就是打理家中大小事務，不需外出賺錢 —— 只是打理而不是掌權，因為需奉行孝道，所以公公婆婆仍有十足影響力，也代表以後要服侍他們。至於所謂「廟見」，就是丈夫妻子一同帶到夫家的廟祭祖。如果新郎的父母已過世，就需要等三個月後才可以廟見，拜祭祖先。廟見後，公婆會確認說：「你來做我的媳婦。」媳婦的身分才正式確定。現代人可能覺得這些繁文縟節只是表面做作，但人際關係的建立往往就由這些表面往來開始，以禮節方式表達彼此接納，如果將這一切禮節都省略，人際往來減少和變得冷漠，其實這亦可能是現代人正面臨的一個問題。

傳統婚禮的意義

傳統婚禮如此繁瑣，更因為婚姻在傳統社會有重大意義。如因能力所限未能做足禮儀，仍會保留當中的重要環節。例如從前很多人都是文盲，紙亦比較難保存，所以未必會交足三

書，但對禮則是十分重視。據聞以前如果丈夫過世，為要確定身分，有時要靠口述，即何年何月何日辦了一個婚禮，有哪些鄉親父老一同見證。六禮中以親迎為最主要、必不可少的部分。在今天儘管納采、問名、納吉、納徵、請期這五禮已大為簡化，但很多華人依然保存親迎這習俗。根據周何（2012：147-148）解釋，親迎有三重意義。一、為何是男方去接新娘，因為傳統社會是男尊女卑，男性要主動，女方則被動，是基於陽主動，陰主靜原則。二、新郎到女方父家把新娘接過來，由男家做主動陪着女方嫁到男家，減低新娘不熟悉男家的焦慮感，有安撫的作用。三、男方到女家接新娘，亦有付託終身的意思，是對女方父母表達會照顧女方一生，所以迎親的安排處處保護、照顧女方。在現今的西方是沒有接新娘的環節，結婚只是男女各自到教堂行禮而已，但在婚禮中，新娘亦是拖着父親行紅地毯到新郎處，然後新娘父親與新郎握手並將新娘的手交到新娘手中，其實同樣都是有付託終身意思。

《禮記‧昏儀》記：「昏禮者，將合二姓之好，上以事宗廟，而下以繼後世也。故君子重之。」此句正反映了傳統婚姻的意義：一、婚姻並非只是兩人的事，是兩個家庭的聯繫。二、婚禮很多時會有祭祀拜祖宗，而且由夫婦共同主持，除了敬拜天地，尊祖敬宗外，其實亦反映夫妻同心，一起建立新的家庭，承先啟後，發展家族。三、婚姻有生兒育女、生命延續的目的，不單為發展家族，亦是對人類社會的責任。四、周何（2012：147）亦指出，婚禮要在宗廟內拜祭，帶有宗教儀式，原因是結婚本身是很嚴肅的事情，通過宗教儀式讓成婚顯得更

莊嚴神聖，責任重大。

另外，中國婚禮後通常當天就會舉行隆重的宴會，以答謝參加婚禮的賓客，並將整個婚禮活動推至高潮頂峰。這與儒家思想重視人倫關係有關，希望透過熱情款待達致社會共融。西方人結婚典禮後亦有酒會，卻不會刻意隆重，他們更着重在教會行禮時的莊嚴性。雖然中西婚禮習俗上存在很多差異，但兩者共同點都是希望透過儀式帶出婚姻是神聖、高尚、純潔和不可輕視的。

其實現今的婚禮儀式中除了親迎，其餘五禮未必都嚴格遵守。現實中，就算在傳統社會，大部分人都不會刻板地分成六個步驟，因為要完全完成六禮頗為勞民傷財，富有家庭可能比較會跟從習俗，但窮困人家基本上不能全部完成。對於廣大平民百姓，這些程序比較繁雜，故很多時候會選擇把幾個程序集中在一起，如將聘書、禮書和聘禮一併送過去。聘禮代表男家對女方的重視；由於女兒不會分到父親的家產，嫁妝某程度亦視之為父親分給女兒的財產。事實上，近年因經濟發展，女性已能通過工作賺得豐厚工資，並能將部分工資交給父兄以補家用，因此女兒在家中的地位已不同以前，不少家庭為女兒出嫁支付的嫁妝亦提升了不少（陳中民，1991：271-272）。

聘禮所引伸的問題

聘禮在不同時代會按階級而有不同規定，例如禮金會按等

級而有不同限制，主要是規定不能給太多，原因是中國人愛面子，富有之家固然可以支付巨額禮金，但會對其他一般民眾構成壓力，若為窮人家庭便可能要借貸才能嫁娶。筆者從親友們得知近年福建等地有女兒出嫁要一座樓、一輛車作為嫁妝，筆者聽到時感到大為詫異，其禮金要求比香港很多家庭要更奢華。這既反映了女家愛要面子，另一方面也可能擔心如果嫁妝太少，新娘到男家後會被看不起，沒有地位，所以聘禮嫁妝等事的風俗如處理得不好，便可能變成歪風。所以前人便早有先見之明，歷朝歷代都是按身分規定禮金只可以付一定的金額，不可多付。當然，上有政策，下有對策，很多富人仍會以不同方式給超出規定的金額。

另一方面，有時雙方父母亦會對聘禮、嫁妝討價還價，使婚姻染上買賣色彩，因而受到批評。所以北齊的《顏氏家訓‧治家》批評：

> 近世嫁娶，遂有賣女納財，買婦輸絹，比量父祖，計較錙銖，責多還少，市井無異。

「錙銖」是古代極小單位，表示在商討嫁娶中斤斤計較意思。其實就算在今天的社會，偶然亦會在朋友聚會中聽聞有人在籌備婚禮時與雙方父母因為聘禮、嫁妝上鬧得很不愉快。更多時是女方父母，要求男方要有一定數額的禮金和酒席，但男方家貧，難以負擔，女兒亦埋怨自己父母刁難未婚夫，阻礙自己出嫁；但女方父母卻堅持他們只得一個女兒，要女兒嫁得

「風風光光」！因而總是發生爭執。可能正因籌備婚禮細節太繁瑣，近年中國又出現另一情況，就是「裸婚」，即結婚不辦婚禮、不擺酒席、不拍婚紗照、不度蜜月、不買樓，只簽訂結婚證明書，主要原因為經濟壓力大、樓價居高不下，並且婚禮禮儀繁瑣，籌備婚禮又太花時間，故乾脆裸婚。至於為甚麼傳統中國社會如此重視禮儀，此部分會於下一章會追溯至周朝開始的禮治社會作討論。

今天的人可選擇「裸婚」，但古時的貧窮家庭有甚麼選擇呢？傳統按六禮進行的婚禮稱之為「聘娶婚」，是官方指定、主流的婚禮，但需要有一定的經濟實力。若果窮得連基本生活都不能保障的人家，當然難以進行六禮，負擔聘禮和嫁妝，於是古人就可能以其他婚姻形式取代，例如服役婚、招贅婚和童養婚。[1] 服役婚是因男家貧窮，故到女家為女家工作，若干年後以薪金補償妻子身價，把太太娶回家，子女依法從父姓。與服役婚類似的便是招贅婚，都是男子到女家服役，與服役婚不同的是男子入贅女家，所生子女亦會跟隨妻子姓。男雖可享有女家財產承繼權，但要贍養女家雙親，為其傳宗接代。其實台灣在二十世紀之前仍處於邊疆、移殖的社會狀態，有些女家因家中無子嗣，又需要勞動力協助家計和開墾土地，便會招男子入贅，對於一些家貧而無法維生的男子，又或一些冒險移居台灣，希望有一容身之地，又不用付聘禮娶妻的單身漢，大多都願意入贅為贅夫。但並非所有贅夫所生的兒女都是從女家姓

---

1 「童養婚」將會在第十一章詳細討論。

的，有些於婚禮前，男方會與女家先約定婚後子女分配分式，婚後所生子女可以按照之前約定的比例從父親或母親姓，一般稱之為「抽豬母稅」，此方式在台灣各地自古以來都甚為流行（李亦園，1991：56-63）。筆者認為，「抽豬母稅」的做法其實是服役婚和招贅婚的合併版本。不過同一父母，兄弟姊妹不同姓氏，感覺是怪怪的！

5 一紙婚書有甚麼意義？
—— 婚姻與禮治社會

　　周公制禮作樂是影響傳統中國婚姻家庭文化發展的關鍵轉捩點。周公姓姬，名旦，為周文王之子，周武王的弟弟。談及周公，便要先說周朝是如何出現的。商朝最後一任君主名為商紂，他為人強勢而暴戾，頻頻用兵，大興土木，又施行極刑，終迫得其中一個部落的領袖，即周文王起義，因當時商朝主力軍遠征東夷，商紂王派出很多奴隸充當士兵對付周軍，但因商紂王過去對奴隸很殘暴，結果反使奴隸倒戈，奴隸不單沒有抵抗周軍，更掉過頭來攻打商紂，使周武王得以在極短時間內消滅商朝。在《戰國策・秦策一》有「武王將素甲三千領，戰一日，破紂之國」之說。這事對周武王及周公亦帶來很大啟示，為何一個曾經如此強大的皇朝竟這麼快便被消滅？最終所得的結論就是商紂王太過暴戾，所以才如此快速滅亡，故此治國不可單單依靠武力，更要以德行治國。

周朝建立之初國勢尚未平穩，平定三監之亂後，周圍仍有不同商朝餘下的勢力，因此，要如何管治這片土地成為一個很大的考驗。當時的周公做了兩件事。一為創立封建制度，把周姓兄弟、功臣、貴族分封到不同的地方做諸侯王，使朝廷可以通過諸侯王在全國貫徹執行中央的決定。經過商朝一役，周公意識到要有效管治、鞏固政權，單靠武功並不足夠，更需要靠文治，所以決定推行制禮作樂。「禮」，是指將社會中各個階級的權利、義務、道德規範化，例如對長輩有禮貌、畢恭畢敬，是禮；父母過世為其服喪守孝，也是禮，禮是用以規範不同階級的觀念、義務以及價值。「樂」，即音樂，音「樂」與快「樂」是同一個字，古人的娛樂就是觀賞別人唱歌跳舞，欣賞音樂，因而感到快樂，所以用了同一「樂」字。而且音樂講求和弦，不同聲調配搭帶出其節奏和共鳴，帶出和諧感。所以「禮」強調「別」，即所謂「尊尊」，是想帶出秩序規範；但「樂」是強調「和」，即所謂「親親」，希望帶出和諧的關係，透過共同欣賞舞樂，營造團體間的和諧關係。有「別」有「和」，有「尊尊」有「親親」，就是禮樂文化所帶出鞏固國家團結的良方。可惜至東周時，周天子地位低落，諸侯割據，各諸侯國可以隨意擴展疆土，甚至有諸侯行天子之禮，社會矛盾激化，禮崩樂壞，故孔子創立儒家，一心追求的就是復興周公的禮樂文化，希望重建社會道德秩序。

　　按《說文解字》，「禮」即為：「履也。所以事神致福也。从示从豐。」豐是一種祭器，示是指一種儀式；禮原本是指履行宗教儀式，但「禮」亦有另一意思，指謙恭禮貌的態度。所以

「禮」一方面表達尊嚴和神聖，另一方面透過禮儀亦表達一種人倫的關係、價值和態度；故《禮記‧曲禮上》說：「今人而無禮，雖能言，不亦禽獸之心乎？夫唯禽獸無禮，故父子聚麀（亂倫）。是故聖人作，為禮以教人。使人以有禮，知自別於禽獸。」可見儒家認為「禮」為人禽之別其中之一的根據。

在《禮記‧曲禮上》中有一段文字講述禮在古代社會的功能：

> 道德仁義，非禮不成，教訓正俗，非禮不備。分爭辨訟，非禮不決。君臣上下父子兄弟，非禮不定。宦學事師，非禮不親。班朝治軍，蒞官行法，非禮威嚴不行。禱祠祭祀，供給鬼神，非禮不誠不莊。是以君子恭敬撙節退讓以明禮。……今人而無禮，雖能言，不亦禽獸之心乎？夫唯禽獸無禮，故父子聚麀。是故聖人作，為禮以教人。使人以有禮，知自別於禽獸。

簡單來說，禮有幾方面功能：使仁義道德可以具體表現、教育文化整治可以完備、面對紛爭有判斷的根據、有助分尊卑秩序、使教導有效、行政指令有效執行、祭祀可以莊嚴進行。故孔子教道兒子伯魚「不學禮，無以立」（《論語‧季氏》）。

故此，費孝通不認同一般人的說法指中國是人治社會，如果中國只依統治者好惡作決定，因好惡無法預測，那便是「有強權無公理」，社會必然混亂，不可能有效管治。故他認為，傳統中國應是禮治社會，禮治不同於法治，法律是靠國家的權力

來推行的，而禮的規範是靠傳統維持。傳統是社會中一代一代的經驗累積出一套引導人們生活的法則。即使西方自由主義大師彌爾（John Stuart Mill）亦承認古人的傳統和習俗在一定程度上是來自他們累積的經驗，可使年輕人受益（2004：91）。又如費孝通所說，在傳統中國社會「不但是人口流動很小，而且人們所取給資源的土地也很少變動。在這種不分秦漢，代代如是的環境裏，個人不但可以信任自己的經驗，而且同樣可以信任若祖若父（祖輩父輩）的經驗。一個在鄉土社會裏種田的老農所遇着的只是四季的轉換，而不是時代變更。一年一度，周而復始。前人所用來解決生活問題的方案，盡可抄襲來作自己生活的指南。愈是經過前代生活中證明有效的，也愈值得保守」（1998：51）。

法律是靠外在權力維繫，而禮是要教化，使人內心養成人際間待人接物的行為態度和規範，主動服膺於禮。事實上在中國，「禮」扮演着十分重要的角色，古代中國是很少法律的，很多法律其實都源自周禮，經過一段時間行之有效後才按之立法。因此，在民間一般人都不喜歡訴諸法律，要到事情很嚴重才會以法處理，所以傳統中國人有句諺語：「生不入官門，死不入地獄。」人們很多時根據禮教已可有效規範生活，發現有不恰當的事，更傾向透過禮法協商解決，這一點與外國人很不一樣，外國很輕易便訴諸法律，例如在美國生病看醫生的費用很昂貴，原因是美國的醫生需要買很巨額的保險，以防隨時要與病人「打官司」。中國人則會儘量私下協商解決，這正反映了傳統禮治文化的特點。

《禮記・禮運》有兩段記載了如何以禮法規範男女的愛慾：

> 何謂人情？喜怒哀懼愛惡欲七者，弗（不）學而能。何謂人義？父慈、子孝、兄良、弟弟、夫義、婦聽、長惠、幼順、君仁、臣忠十者，謂之人義。講信修睦，謂之人利。爭奪相殺，謂之人患。故聖人所以治人七情，修十義，講信修睦，尚辭讓，去爭奪，舍禮何以治之？

> 飲食男女，人之大欲存焉；死亡貧苦，人之大惡存焉。故欲惡者，心之大端也。人藏其心，不可測度也；美惡皆在其心，不見其色也，欲一以窮之，舍禮何以哉？

人天生有七情，即喜怒哀懼愛慾惡，既有食慾與性慾，又厭惡死亡和貧苦。如果人只是孤獨生活問題倒不大，但正因人有各種人際關係（如十義，即「父慈、子孝、兄良、弟弟、夫義、婦聽、長惠、幼順、君仁、臣忠」，出自《禮記・禮運》，亦即儒家的五倫關係），如果可以做到講信義、和睦共處當然是人利，但如果處理不當以致爭奪相殺則是人患，所以聖人想到以禮管治，教化眾人，使各種情感、慾望可恰當表達，壓抑傷害性的行為，發展適當的人倫關係和社會秩序。《禮記》中又正表達：「婚禮者，禮之本也。」表明婚姻家庭是禮的根本，亦是社會秩序的根本，反映儒家「修身、齊家、治國、平天下」的思想。

現代社會受西方啟蒙運動思想影響，很多人都只重視理

性、輕視禮儀，認為禮儀只是盲目重複、外表裝作，甚至有人認為婚姻登記是沒有作用的——「一紙婚書有甚麼意義？」但隨着近年西方哲學的「具體化現象學」（Phenomenology of Embodiment，或譯「身體化現象學」）和品格倫理學的發展，學界開始留意禮儀與道德培育的重要性。首先，禮是帶有價值的，根據杜維明指出「『禮』是『仁』的外在體現」（Tu, 1968：34），人在社羣中透過禮具體表達，與他人建立適當關係和價值。如哲學家泰勒（Taylor, 2016：279）所說，無論傳統或現代都有禮儀，禮儀都是基於道德價值，以維繫社會秩序和目標。

其二，現代人常只靠理性思考，反而忽略了情感和品格培育，但人性是身、心、靈整合的，禮正正將價值觀、情感和行為整合，根據亞里士多德（Aristotle）所言，重複的實踐正可建立良好習慣，強化個人品格（2003：35-37）。[1]事實上，今天一般的社會心理學書籍都會告訴大家不單止人的思考和態度會影響行為，社交環境轉變亦可能影響人的行為，而人的行為有時亦會轉而影響人的思考和態度。舉例而言，一名少女本來在父母面前可能說她不喜歡吸煙，但在另一社交環境，經朋友遊說下，她可能會嘗試吸煙，慢慢地吸煙形成習慣，從而改變她先前對吸煙的態度（Stangor, *et al.*, 2015, 179）。可見社交環境可影響個人行為，從而重塑其個人態度和價值。成語「近朱者赤，近墨者黑」就是這意思；而中國傳統的禮治社會正希望提供適切的道德環境培育個人品格，規範家庭關係和社會秩序。

1　有關儒家禮學和道德教育的詳細討論可參考筆者拙作（Hung, 2022）。

其三，雖然禮強調身體踐行，但禮並不否定理性思考。彌爾（2004：91-92）亦提醒我們有些過去的傳統習俗在今天可能已不再適用，單單墨守成規不加反思對個人品格和個體性亦幫助不大，所以現代人面對傳統和禮儀時仍需帶着獨立思考和分析。在古時，大多古人都沒有豐富學識，更有甚者連生存都困難，根本顧不了學習知識和思考，在此環境下，聖人唯有透過禮制規範和教化人心，以強化社會價值和建立秩序。可見對古人來說，一紙婚書對個人和社會都意義重大！當然，現代社會已比以往文明很多，本應不需再有這麼多禮儀規範人民，但事實卻是今天人們雖然學識多了，婚姻和家庭解體的情況反而愈來愈嚴重。因此，從某程度上看，傳統中國的婚姻和家庭禮儀在現今社會依然很有參考的價值。

6 父母之命，子女就無自由選擇嗎？

「父母之命、媒妁之言」早見於《孟子·滕文公下》：「不待父母之命、媒妁之言，鑽穴隙相窺，逾牆相從，則父母國人皆賤之。」甚至更早可見於《詩經·國風·齊風·南山》：「取妻如之何？必告父母⋯⋯取妻如之何？匪媒不得。」這詩原是譏諷齊襄公和文姜兄妹淫亂私通，但亦反映「父母之命、媒妁之言」是當時婚俗。但要留意的是，「必告父母」只有請示之意，也沒有法例強制，結合先秦文獻反映古時文化較開放，推論子女或有一定自主權。舉例而言，舜結婚時便沒有告知父母，舜是「大聖人」，堯將天下交給他主因之一，也是因為他是大孝子，故《孟子·萬章上》中如此說：「萬章問曰：⋯⋯『舜之不告而娶，何也？』」由於舜的父親及後母所生的弟弟天天都想謀害他，所以孟子回答：「告則不得娶。男女居室，人之大倫也。如告，則廢人之大倫，以懟父母，是以不告也。」如舜

告知父母要與堯帝兩女結婚，父母和弟弟很可能會從中作梗，便無法成婚。但婚姻又是人倫中最重要的，如果相告，便會廢了人倫，會對父母怨恨，所以就不相告了。以今人的說法，就是兩害取其輕，故守禮亦要考慮情況。甚至孟子都曾被淳于髡問道：「男女授受不親，如果嫂子掉在河裏，要救她嗎？」孟子回答：「當然要救，因為生死攸關，是特殊情況。」可見，雖然孔孟的確重視復興禮教，但他們亦會着重權宜，有時需彈性處理，不會盲目死板地執行。

春秋戰國前的戀愛婚姻

我們更可在《詩經》的記載看到春秋戰國前對戀愛婚姻的態度。《詩經》由孔子編定，其中一篇很著名的是〈關雎〉：

> 關關雎鳩，在河之洲，窈窕淑女，君子好逑。
> 參差荇菜、左右流之。窈窕淑女、寤寐求之。
> 求之不得、寤寐思服。悠哉悠哉、輾轉反側。
> 參差荇菜、左右采之。窈窕淑女、琴瑟友之。
> 參差荇菜、左右芼之。窈窕淑女、鍾鼓樂之。

雎鳩，是兩種鳥類，比喻一男一女在河邊對唱。詩經很多時的文字都是透過描述風景帶出氣氛。詩中描述有一男子看見河邊有漂亮的女子，很想追求她，卻又追求不到，朝思暮想，

輾轉反側。這詩的背景有不同解釋,有人認為是男子追求女子未果,朝思暮想的表達;另有解釋認為「琴瑟友之」和「鍾鼓樂之」反映婚宴場景,認為這是婚禮詩(李山,2014),筆者綜合這兩種解釋,詩上半部分反映男子遇見女子,對她的愛慕和思念,後半部分可能反映男子與女子終成眷屬。無論甚麼解釋,都不否定男女是自由相識。

孔子是至聖先師,主張道德禮教,總給人刻板拘謹的印象,那為何至聖先師在編訂教材時會以一首愛情詩歌開始?即便是今天的老師編寫有關道德的教材時也未必會把愛情詩編進去,而孔子卻把很多有關愛情、婚姻的詩歌編進《詩經》,並把〈關雎〉編在《詩經》之首,其用意何在呢?此可參見孔子對《詩經》作出的評價:

> 詩三百,一言以蔽之,曰「思無邪」。(《論語 · 為政》)
> 關雎,樂而不淫,哀而不傷。(《論語 · 八佾》)

可見孔子或先秦儒家相對比較開明,對於健康的情愛表達,只要合乎禮,便不會無理否定。「樂而不淫,哀而不傷」正表達中庸的思想,不會過度迷戀,又不至於過度傷感,使之玉石俱焚(相比現今,新聞時有報道指情侶爭執引發其中一方自殘、自殺或報復等激烈行為)。而且若愛情最終能走向婚姻,便是一份終身負責的情愛關係,而此情愛的表達就更加值得推崇。所以實質上儒家所歌頌的是克制的情感,對待愛情需謹慎,並以婚姻和諧為目標,而不是如同野獸般只為追求滿足慾

望與激情。（顧鑒塘，顧鳴塘，1996：51-54）從上述足可見先秦時期的婚姻戀愛相對地比較自由，只是漢朝後才形成了父母包辦婚姻的封建禮教。

然而，在春秋戰國諸子百家爭鳴時期，儒家並不是最具影響力的，而到戰國時期，法家更是最受重用的思想學說。

秦始皇統一中國之前約 140 年，商鞅已在秦孝公支持下推行變法，為日後秦國的一統奠下重要根基。商鞅變法強調富國強兵、重農抑商、以法治國，法家思想尤其高舉尊君，以官僚政治取代春秋的貴族政治，以嚴苛的法律管治人民，是令秦國強盛的一個重要原因，故秦始皇統一中國後，亦繼續以法家治國，施行高壓統治，甚而焚書坑儒。那之後中國歷代為何會變為以儒家思想主導？最主要是因為秦國雖強盛，但秦始皇過於殘暴，結果第二代皇帝秦二世上任不足三年便激發起各地起義和民變，秦朝因而滅亡。漢朝汲取教訓後，知道單以嚴刑是不能穩定人心，所以漢初漢高祖便以道家無為而治方針治國，到漢武帝時期，各地諸侯國勢力日益強大，威脅中央管治，漢武帝便需另立一足以穩定國勢的正統思想，故採納了董仲舒：「罷黜百家，獨尊儒術」，高舉三綱五常之論，三綱即「君為臣綱，父為子綱，夫為妻綱」（《春秋‧繁露》），從此儒家成為主宰中國千年帝制之核心思想。但現代學者普遍認為董仲舒所提出的並非純正的儒家思想。先秦儒家本身並不主張盲目順從君主，並要求君主以德禮治國；而法家就不主張禮和德，而是主張尊君並以法制協助君主治國。董仲舒則把儒法兩者結合，一方面運用法制和權術，另一方面又配合儒家以仁政為本，就成為了

漢代「儒表法裏」的方針，這卻使往後儒家思想變得愈來愈制度化，亦愈來愈僵化。至魏、晉、南北朝後，甚至歷朝法律皆視父母同意為婚姻法定的前提，即沒有父母同意的婚姻是無效的。

父母之命

為何古代如此重視父母之命，與從前傳統如何看待家庭有關，孔子說：「天無二日，國無二君，家無二尊，以治之。」（《孔子家語・本命解》）其中「家無二尊」指一家之中必會有主事人以定奪家中大小事務——即家長。由於古代是農業社會，從前的人認為一起耕種，一起出售農作物，很難分辨收入該歸誰，故將之視為整個家庭的收入，所以古代整個家族的財產和成員大多都由家長支配，家庭內部的糾紛都由家長判斷，家庭成員的過犯得失也是由家長按照家規施以懲罰。既然在家庭中所有事務都由家長決定，那婚姻大事關乎兩個家庭的發展，就更應由家長決定。

《禮記・內則》甚至明言：「子甚宜其妻，父母不說（悅），出；子不宜其妻，父母曰：『是善事我。』子行夫婦之禮焉，沒身不衰。」即使兒子很喜歡妻子，但父母不喜歡，都要休妻；相反如父母很喜歡，但兒子不喜歡，都要廝守一生。

另外，《白虎通德論・卷九・嫁娶》：「男不自專娶，女不自專嫁，必由父母，須媒妁何？遠恥防淫佚也。」這裏指男

女不會自己決定嫁娶，一定要透過父母和媒妁，如果沒有父母之命、媒妁之言則會被視為淫佚，為甚麼呢？這與當時社會結婚年齡亦有關係。

傳統社會婚嫁年齡

根據漢儒著作《白處通德論‧卷九‧嫁娶》：「男三十而娶，女二十而嫁……男三十，筋骨堅強，任為人父；女二十，肌膚充盛，任為人母。」但墨子和韓非子卻認為應該男子二十而娶，女子十五而嫁：

> 丈夫年二十，毋敢不處家，女子年十五，毋敢不事人。此聖王之法也。（《墨子‧卷六‧節用上》）
> 丈夫二十而室，婦人十五而嫁。（《韓非子‧外儲說右下》）

這些經典顯示，傳統中國夫妻一般男子會比女子大約 5 至 10 歲，可能為維護男性尊嚴，亦可能認為男性年紀較大可更好地保護女性，但現今從心智發展方面看，女孩在待人接物的發展的確較成熟，而男孩雖在體力的發展上則比較快，邏輯運算一般較好，但情感智商和待人接物發展得較慢，所以筆者認為從前一般男子比女子年長或許是有心智發展方面的考慮。

另魯哀公亦問孔子：

男子十六精通（有生殖能力），女子十四而化，是則可以生人矣。而禮，男子三十而有室，女子二十而有夫，豈不晚哉？（《孔子家語・本命解》）

魯哀公的問題很合理，既然 14、16 歲已可以生育，為何要等到 20、30 歲才可結婚？孔子回答：「夫禮言其極不是過也。男子二十而冠（冠禮，即傳統中國男子的成人禮），有為人父之端，女子十五而嫁，有適人之道。於此而往，則自婚矣。」（《孔子家語・本命解》）即是說男 20 歲、女 15 歲已經可以開始結婚，而最遲也不要超過 30 歲（男）和 20 歲（女）。雖然古書這樣寫，但現實上很多記載顯示古代的人早在 13 至 16 歲已結婚（戴可景，1990），例如秦漢時期大多是 14 至 18 歲就結婚；唐太宗李世民 16 歲就與年僅 13 歲的長孫皇后結婚。今天的人會認為 13 歲結婚太早，但古時的人壽命較短，讀書機會少，如果家境貧窮，則情願女兒早點出嫁，以減輕家庭的負擔，又可以早些適應新家庭環境；反而愈遲嫁出，舊有習慣根深柢固，愈難適應新的環境。更重要的原因很可能出於對生育的考慮，古時家庭都期望女子能早點生育。當然，今天醫學昌明，34 歲後才懷孕的才算是高齡產婦，但從前沒有先進的醫療技術配合，故女子適合生育的年齡更短，而且古時大多婦女都不只生兩、三個孩子，能生至七至八個也是十分平常之事，所以古代更傾向女子早結婚、早生育。

傳統與現代

　　古時的父母之命實質亦是指由父母包辦整個婚禮，事實上，不只在中國，全世界約 85% 的傳統部落文化都有包辦婚姻（Apostolou, 2007）。尤其從前很多中國人在 14、15 歲便會結婚，身體尚未成熟，即使到了 18、20 歲，其實仍是很年輕，經濟上都未能獨立。所以在這個時候要他們不讓父母參與，自行籌辦婚禮，基本上不太可能，就算男子不理父親反對，堅決要與女子結婚，女家亦不放心把女兒嫁給他，更何況之後要養妻活兒，所以舉行婚禮必由父母負責包辦，而父母之命自是理所當然。而且，如果堅決違背父母的安排，更可能會背負不孝的罵名。五四時期，胡適和魯迅原本都是重視孝道，敬愛母親的人，但因不滿母親為他們包辦的婚姻，又因不願意違背母親的意願，才勉強成婚。但胡適和魯迅都是有學問的人，受西方文化影響，是中國新派代表人物，而他們母親所安排的女子卻來自傳統家庭，文化水平不高（胡適妻子江冬秀只讀了幾年私塾，初通文字而已；魯迅妻子朱安更是纏足和不識字），結果二人同樣夫妻感情淡薄，他們和妻子都是其中受害者，亦引致他們後來對傳統孝道大為批評（黃啟祥，2019：28-33）。

　　今天很多人視「父母之命」為封建家長專制的觀念，為文化的毒瘤。但其實這樣的批評是不恰當的，是以現代人眼光評論傳統社會，忽略了傳統社會當時的歷史文化環境。現代人自小就被灌輸「人人生而自由與平等」，而現代社會亦是文明有秩序的社會，人際交往大多彼此尊重。如與之相比，古代社會便

是「人人生而愚昧與野蠻」，因此以古代社會的角度看「父母之命」、「三書六禮」，其實已是很文明的婚制，更終止了過去「搶奪婚」、「買賣婚」等野蠻的婚姻方式（宋劍華，2014：169）。

雖然一般情況婚姻是要基於父母之命，但其實包辦婚姻也不一定是強迫婚姻，如黃暉明說：「事實上，父母在婚事上獨斷獨行是少有的例子，多是透過直接或間接的諮詢，以獲取子女的同意；而當事人如果不喜歡婚配的對象時，亦時有作出各種抗議和反對，以致婚約沒法完成。」（1992：128）此外，古時亦有不少年青男女私下相愛後，再請父母代為向對方父母提親 —— 提親其實一定是由父母代勞更好，要是十多歲的年輕男子向女家提親，對方父母又不知他的背景，怎會安心將女兒交給他？

很多人誤以為古人都是「盲婚啞嫁」，新郎、新娘婚前也不會見到一面，其實並非完全如此。據宋人一直沿襲到清代的習俗，經媒人說親後，會有一個「相親」程序，即兩親相見，準婆婆、準新郎會到女家看準新娘。準婆婆會問問女子在家的情況，年輕男女也會互相偷望打量，若雙方合意，男方會按禮節為女方插上金釵，若雙方認為不合適，男方則送上彩緞，表示歉意。反映年輕人亦有一定的主導權（雨亭，2019）。

至於哪些人比較有機會強迫子女接受父母安排的婚姻呢？一方面看父母性格，若父母性格好操控，會更容易強將自己意願加諸於子女，確保媳婦、女婿為父母滿意的對象。另外，公主、貴族女兒等為政治聯婚，為家族擴展實力，往往會成為政治聯盟的犧牲品。例如小說改編古裝劇《羋月傳》中宣太后與

秦國邊境的蠻夷義渠王結婚，結成聯盟並最終將義渠漢化，其實這不單反映傳統中國的現實情況，亦是其他國家古代社會貴族、皇室的做法。莫說公主、貴族小姐，就算皇帝有時亦未必由自己擇偶。筆者曾有機會到北京頤和園，有機會看慈禧和一眾皇后妃嬪的照片，本想一睹她們的風采，但看到時感到非常詫異，皇后妃嬪們位位都「骨格精奇」、「樣貌不凡」，令人難以理解為甚麼皇帝的審美觀如此「獨特」？其實皇后、妃嬪大多都不是光緒皇自己可以選擇的，隆裕皇后就是慈禧選的，是慈禧弟弟的女兒，以此控制着光緒皇帝，再加上光緒並非慈禧親生，光緒是否喜歡就更不用理會了。然而，如果一般農家子女，或沒有特別的情況，父母實在無需要迫婚。雖說父母是最終的決定者，但對於自己的子女，仍會想他們得到幸福，希望子女開開心心地結婚，不會無緣無故勉強他們。

統治者總強調父母之命，原因是認為子女雖到適婚年齡，但年紀尚輕，未有足夠經驗和成熟作出決定，如任由年輕子女自作主張，恐怕日後家庭紛爭不斷，私奔、未婚生子、休妻成為常態，導致社會失序。事實上，胡適和魯迅的例子在傳統社會是少有的，他們受過高等教育，又出國留學，有廣闊見識，且有不少機會認識異性，因此，安排他們與文化觀、價值觀差異極大的女子結婚，對他們的確是難受。但一般平民百姓生於傳統社會，相識異性的機會不多，見識又不廣，要他們自行擇偶可能只會更徬徨和難受。筆者為了女兒長大後謹慎擇偶，在她們未夠 10 歲時就與她們分享曾經遇見的一些婚姻失敗作參考例子：曾有一位女性因與不成熟的男性結婚（此男子無責

任感、有不良嗜好和不懂理財）而導致婚後的家庭及子女生活非常艱難。他們聽後卻說：「吓！我怎知那些男人是否騙人？」（因她們看完電影《冰雪奇緣》（Frozen）後發現以為很好的男人原來也會騙人的！）跟着女兒又說：「不如日後你們幫我選男友！」我就笑說：「好！」心裏笑着想：「你們長大後又怎會想我替你選呢！」在現代社會，我亦不想為子女擇偶，我豈敢承擔如此重大責任？若日後有甚麼不如意事，子女豈不怪罪於我！但這例子亦令我明白傳統社會制度的合理之處，子女太年輕，人生閱歷淺，認識的人又不多，即便要他們自己擇偶，他們亦不知道該如何選！

　　從另一角度看，「父母之命」其實亦是強調父母有為子女成家立室的責任，就算是今天的父母仍總為未婚子女而憂心，催促他們結婚、為他們安排「相親」，甚至為他們置業。一定程度上都反映出父母會認為子女能否成家立室，父母有一定的責任。反之，西方人父母不論是否富有，都甚少為子女置業、籌辦婚禮。父母亦要儲蓄預備退休，因西方父母多認為待他們老後，子女是不會供養他們的。

7 媒妁之言怎樣解決擇偶問題？

—— 媒妁之言之利弊

今天的人總覺得媒人介紹另一半十分丟人，但在傳統中國社會卻是相反，如果夫君不是經媒妁介紹才是丟人現眼！今天年輕人常為擇偶而煩惱，而其實媒妁之言就是為了在傳統社會解決擇偶問題：

> 男女非有行媒，不相知名。（《禮記・曲禮上》）
>
> 婦人之求夫家也，必用媒，而後家事成⋯⋯求夫家而不用媒，則醜恥而人不信也。（《管子・形勢解》）

傳統中國婚禮十分重視媒妁，甚至將之與父母之命並提，如果不用媒妁招親，就連對方的名字、家庭背景都不知道，不單婚姻難以成功，亦可能會被視為醜事而惹人取笑。所謂「媒妁」，「媒」即媒合二姓，「妁」就是斟酌，反映其不單撮合兩個家庭，當中還有斟酌、游說、討價還價的工作。為甚麼古時擇

偶觀念與現代如此不同？由於傳統社會人際交往網絡大多比較狹隘，尤其在農村社會，很多時整條村的人都是親戚，全部人都是同一姓氏，或只有兩、三姓氏的家族，而農民生活作息又大多留在村中，不認識其他村的人，自然對本村以外的家庭沒有甚麼認識，而他們既不能與同姓結婚，加上當時社會男女授受不親，又不能私下相交，因此媒人的角色是必要的，反之，如果在沒有媒人介紹的情況下戀愛、結婚，其他人反而會懷疑二人到底如何認識？是否暗地私會偷偷產生感情？這在古代是很大的禁忌。所以，唐代法律要求「為婚之法，必有行媒」（《唐律 · 戶婚》），沒有經過媒人的婚姻便是違法，會被視為私奔和淫亂。

「媒妁之言」的利弊

易中天在他的著作《中國的男人和女人》（2014）第四章提出用媒有五點好處，筆者嘗試加以演繹及多作兩點補充：

一、媒妁始終以此為專職，消息靈通，有如婚姻信息中心，在資訊不流通的社會，人們根本不知道哪戶男子欲娶？哪戶姑娘待嫁？而媒妁走遍不同的鄉村家庭，可以從中進行配對，就如現代人參加「極速約會」（speed dating），大家都抱着求偶心態而來，自然減少很多不必要的摸索，也減少尷尬和糾紛的機會。

二、締結婚約，事關榮辱，如被拒絕會很沒有面子。媒妁

不是當事人，就算年輕男女被批評或拒絕，都不會難受或無面子，而且媒妁大多巧言如簧，總曉得說好聽的話，甚至能把缺點說成優點。

三、締結婚姻，除了愛情，實際還牽涉禮金和嫁妝，要是兩個家族直接討價還價，很可能會傷了和氣，甚而反目；筆者亦曾聽聞這類爭執事件，有一女家因要求禮金數目過高，被男家質問：「你是嫁女抑或是賣女呀？」可見，若有媒人斡旋，兩個家族會比較容易達成共識。其實不單結婚，今天的地產代理亦是從事相似的工作，即便今天網絡消費如此盛行，亦暫時難以取代地產代理行業，因為物業交易利益重大，易生磨擦，有時買家為了減價可能會刻意貶低對方單位，容易導致雙方結怨，反而一拍兩散，而有地產代理居中調解，過程中就能過濾很多令人難堪的說話，並更易達成交易共識。

四、由於雙方家庭原先不一定相識，而媒人又向當事人保證會維護當事人的利益，有何爭執都會透過媒人在當中斡旋。因此，有可靠的媒人推薦，對雙方都會比較安心。所謂「防兒如防賊，防女如防妓」，做父母的除了嫁女擔心，娶媳婦亦同樣擔心。近年中國內地出現男多女少的情況，很多較貧窮的農民家庭便會娶來自越南或柬埔寨的女孩，網上很多片段又指千萬不要娶越南女子，因為她們嫁到中國後，會不停向丈夫要錢，生下兒女後會帶兒女回越南，有如被人欺騙金錢一樣。（但亦有越南女士投訴中國男人不好所以才帶子女回鄉！）這些例子也說明了男家娶媳婦其實都會擔憂，不知媳婦會否挑撥原來家人關係，甚至偷盜錢財送回娘家。

五、古時沒有政府婚姻登記制度，媒妁可以說是扮演着婚姻監禮人的角色，尤如今天婚禮上的牧師、神父，所以法律上指定必須透過媒妁結婚，是為了把婚姻制度化，亦可避免男方因見異思遷，隨意背棄婚約，拋棄妻子（金陵，2007：75）。在五四後，年輕男女推崇自由戀愛，反對「父母之命、媒妁之言」，但亦有些少女同居熱戀過後才發覺原來男方是有夫之婦，或因感情變淡而另娶，對女方造成嚴重打擊（宋劍華，2014：174）。因此，「父母之命、媒妁之言」實使男女雙方都更重視彼此對婚姻的責任，有助減少瞞騙重婚的機會。

六、其實媒妁專司此職不單會知道甚麼人待嫁，亦知道很多關於婚姻成家後的事情，有如今天的戀愛專家，於婚戀上的確可提供一些輔導和意見。

七、婚禮禮節如此繁瑣，一般家庭亦未必充分掌握所有細節，媒妁對禮節了如指掌，便可於婚禮進程給予指導和協助，以免失禮親友。媒妁亦作為婚禮的指導和監督角色，可確保婚姻配對合乎禮法。所以儘管今天沒有媒妁，仍有所謂的「大妗姐」協助婚禮流程。

然而，易中天指出用媒亦有壞處，有媒人為賺取金錢或達到個別目的，往往採用瞞騙手段，兩邊說盡好話，備受批評。如《戰國策‧燕策》中記：

> 周地賤媒，為其兩譽也，之男家曰「女美」，之女家曰「男富」。

媒人對男家說女方很漂亮,對女家說男家很富有,結果成婚當晚揭開紅蓋巾,才發覺「中伏」(被騙)!媒人固然是當中元兇。但筆者從另一角度看,便能明白為何古時政策要求要用媒,而大多數人亦不反對 —— 如果女方不漂亮又想找「高富帥」,男方不富有又想找「白富美」,沒有媒人從中疏通恐怕大多都難以撮合。加上,大多父母都認為自己的子女最矜貴,男家父母都想兒子娶得美人,女家父母也希望女兒可嫁得富貴人家,但事實上「貧男醜女」要找條件好的異性結婚談何容易?現實的環境就是,如沒有媒人兩邊說好話,很多男男女女都恐怕變成「宅男宅女」。故《戰國策・燕策一》寫道:「且夫處女無媒,老且不嫁;舍媒而自衒,弊而不售。順而無敗,售而不弊者,唯媒而已矣。」女性若沒有媒人,要靠自誇自讚,恐怕老來亦未可出嫁,因此,要不費唇舌而順利出嫁,只得順應風俗找媒人幫忙。

然而,也有媒人可能為了更大報酬,棒打鴛鴦。因媒人可決定如何進行配對,即使已有一對男女兩情相悅,但有可能有富戶貪圖女方的美貌,便給予媒人較豐厚的報酬,讓媒人將女方介紹給自己,媒人為了豐厚報酬,便可能刻意拆散鴛鴦,如說二人命格相剋。媒人固然以會自己利益為優先,不一定總是為新人着想。所以傳統中國人對媒人,既有厭惡之情,但又難以放棄,可能媒人的一張嘴太厲害,所以很多戲劇中的媒人都是丑角形象,在婚禮上又會有一些「打媒」、「審媒」的節目。

壞媒人當然會有,但筆者認為不可能太多,為利益胡亂配對的做法亦不可能長久。兒女婚姻仍家庭大事,媒人角色既然

如此重要，父母亦一定會謹慎選擇媒人，因此，媒人為了長遠利益亦必然十分重視口碑。正如宋劍華（2014：171）所說：「能夠擔當『媒妁』使命之人，就應該是一些德高望重或誠實守信之人。理由十分簡單，沒有哪一個家長，會將自己兒女的終身大事，託付給一個完全不靠譜的人。」

筆者從長輩經驗中了解，雖然傳統需透過媒人撮合，但都不會全聽憑媒人擺佈，他們有時會透過四方八面的親友探聽該戶人家的人品，亦會低調地到其村落暗中觀察所介紹之人是否如同媒人描述一樣，有時甚至安排男女雙方簡單相見，覺得是否合眼緣；另外，問時辰八字對他們來說亦是一個重要參考。故此，雖然禮儀上一定是父母之命、媒妁之言，但實際上會透過很多方法了解所介紹的人家是否可靠、合適。

現代人與媒妁之言

筆者過去問過很多學生意見，現代人當然都不贊成父母之命、媒妁之言，並希望自由戀愛，自己找到合適對象，但有不少同學亦指出父母之命、媒妁之言亦有好處，起碼一定能結婚，並且婚姻關係較穩固。其實今天男女身處自由戀愛的環境，找伴侶亦是困難重重，你要有選擇，但你選擇的人亦不一定選你，如被多次拒絕，更傷自尊心（這方面筆者感受甚深！）難怪社會上愈來愈多宅男和剩女。事實上就算在今天的自由社會，有部分人依然選擇找媒人作婚姻介紹，或請父母幫他們找

媒人介紹配偶。尤其在日本和印度，包辦婚姻仍然為數不少。而且，很多時找媒人介紹都是因為想找一些宗教或價值觀相近的配偶，例如在今天的美國仍有些少數族裔由於想找同種族的人結婚而找媒人介紹。相比自己相識發展出的戀愛，媒人介紹當然感覺上不這麼浪漫，因由媒人介紹到結婚，起始點往往是先考慮雙方的客觀條件，如果合適才發展愛情，缺乏了偶遇而帶來的激情和興奮。（不符合電影情節！）

　　傳統中國在父母之命、媒妁之言的婚姻制度下，愛情的確不一定是婚姻的基礎，現代人多先戀愛後結婚，但傳統很多時卻是先結婚後談戀愛，先委身和承諾，再培養感情。因此，古時的婚姻基礎更多是社會習俗、家庭責任和義務。至於媒妁之言是否百害無利？當然，由媒人介紹的伴侶或許真的不是自己當初所喜歡的，但古時的家庭關係卻往往比較穩定，甚少離婚。今天身在自由戀愛的社會，但現代人很多時談戀愛只講求感覺，而感覺會隨時間改變；而傳統婚姻建基於社會習俗和義務，相對不容易改變，並且過往社會生活較簡單，沒有今天這麼多誘惑，即使婚姻中有衝突，都會想辦法盡力解決和磨合，因為古人離婚情況甚少，既然不能離婚，就還要對一輩子呢！並且古時由父母包辦婚姻，結婚開支和婚後生活父母都會承擔，這無疑對年輕子女建立家庭有相當大幫助。當然，任由父母之命，媒妁之言安排的婚姻，必會有「不幸」的情況，要是遇着一位不是自己選擇，又不合適的配偶，一定會怨天尤人。所以筆者認為，媒妁之言下的婚姻，實是有利有弊。

8 傳統中國真是三妻四妾嗎？
── 妻與妾的歷史成因

一夫一妻（多妾）制

很多人都說傳統中國人可以三妻四妾，但一般學者其實認為傳統中國婚姻制度是一夫一妻（多妾）制。男人雖可娶多位妾，但妾其實並無宗法地位，有如今天「包二奶」、「三奶」，沒有法定地位一樣。根據古書，三皇五帝時代，堯、舜、嚳等都不止一個妻子，帝嚳與帝堯都有四個妻子，帝舜最少有兩個（娥皇、女英）。自夏朝開始，禹是夏朝第一個皇帝，他只有一個妻子，之後夏、商兩朝大部分皇帝都是一夫一妻制，商朝更具體實行一夫一妻制度，《春秋 · 隱公五年》中說：「諸侯無二嫡」。當然很多皇帝有妾，但基本制度還是一夫一妻制。其實最初並非稱為「妾」，而是「媵」，或稱「媵嫁制」，後來才稱為「妾」。在商、周時代，只有貴族才有會妾，一般平民百姓、庶人都是一夫一妻。

古代賢人認為一夫一妻的制度基本上比較合乎自然人性。如果有很多妻子，夫妻地位會不平等，妻與妻之間亦會明爭暗鬥，家庭自然有失和諧（所以今天才有這麼多宮廷鬥爭的電視劇看）。伊斯蘭的國家容許一夫四妻，但原來最初伊斯蘭亦是一夫一妻，只是後來因為打仗很多男人死於戰場，留下孤兒寡婦，故穆罕默德為了保護她們才容許一夫四妻。筆者曾到訪中東地方，長期往來當地的牧師表示一夫四妻並非是齊人之福，要處理四位妻子的關係其實很煩惱。例如他們要買禮物給妻子，都要買四份一模一樣的，以免成為紛爭的起源。一般人都希望兒女在和諧關愛的家庭中成長，當然現實上就算一夫一妻亦可能有其他因素導致家庭分裂，但一夫一妻最少原則上可使夫妻之間較為平等，亦促進愛情的專一，有助下一代能在關愛和諧環境成長，身心更健康。

其實中國古人很早就對多妾制度提出了異議。如《易經 · 革卦》言：「二女同居，其志不相得，曰革。」二女想法不同，彼此相克，稱之為「革」，是「變革」、「革命」的意思。按照周禮，由於天子與諸侯的地位顯赫，所以他們的婚姻也有示範的作用，人民期望他們成為道德模範。今天則較少對官員有這樣的期望，在西方甚至很多人認為官員個人道德操守不影響公眾的利益。但古人並不會這樣想，古時可說是一個未「開化」的環境，人的性關係較混亂，因而出現很多孤兒寡婦，下一代缺乏教養，便很容易成為社會罪惡的溫床。所以周朝強調德治，作為領袖除了要有武力，亦要成為榜樣，因此對天子、諸侯才有較多限制，如娶妻必須從一而終，且妻子只能有一個，去世

後就不能再娶。一般人有「七出之條」，即在七個情況下可休妻，但天子、諸侯不能因正妻無子而休妻，所以只有「六出」。那萬一正妻無子，天子、諸侯怎能無後嗣？皇朝如何傳繼下去？天子、諸侯當然不會因為正妻無子而斷香火，所以有規定如正妻過世，在陪嫁的女（即「媵」）中找一位補上為妻，這就是媵嫁制的產生。

媵、妾與情婦

媵，是諸侯女兒出嫁時隨嫁的人，類似今天的伴娘和姊妹團。今天的伴娘不會陪着嫁到男家，但古時會一同嫁到男家，在春秋戰國時期特別盛行，古裝劇《羋月傳》就是改編自戰國時期秦宣太后的故事，羋月是楚國公主，當時以媵的身分嫁到秦國。據鄭玄注所言，媵即為：「古者嫁女，必姪娣從，謂之媵。」（《儀禮注疏・卷五・士昏禮第二》）即從前的諸侯的女兒（即公主），嫁給其他諸侯王時，會帶同「陪嫁女」，為要「承事嫡也」（服侍嫡妻）（《釋名・釋親》）。而「陪嫁女」通常是姪女或同姓諸侯女兒，及其妹妹中選擇。媵妾制從前是很普遍的：「媵者何？諸侯娶一國，則貳國往媵之，以姪娣從。姪者何？兄之子也。娣者何？弟也。諸侯壹聘九女，諸侯不再娶。」（《春秋公羊傳・莊公・莊公十九年》）。在春秋時代有人娶了一國諸侯的公主，另外兩個同姓的諸侯國的公主同時陪嫁，而三位公主另亦有一個姪女及一個妹妹陪嫁，總共九人。但九

人地位不一，只有一位是嫡，即正妻，其他則是媵、或稱貴妾。

而「妾」一字，在媵嫁婚俗之後才出現，如見漢末《釋名》：

> 妾，接也，以賤見接幸也。（《釋名‧釋親屬》）
>
> 有辠（罪）女子，給事之得接於君者……妾，不娉也。（《說文解字》）
>
> 妾，接也，言得接見君而不得伉儷也。（《匯苑》）

「妾」本來意思是「接」也，連接誰呢？接君、接幸運，即有幸同君主或有地位的人連接，但又不能成為平妻。通常她們的原來背景都是比較低賤，甚或可能父親是帶罪之人。故說：「聘則為妻，奔則為妾。」（《禮記‧內則》）「聘」即聘禮，即正式透過六禮明媒正娶；但妾則為私奔，從前不是明媒正娶的，就是私奔，即私下結合，無媒自通。

而從前又為何會出現多妾的情況，其中一個原因是很多男人因戰爭死亡，男女比例失衡；另一方面就是打仗戰敗一方的孤兒寡婦可能變成奴隸、婢女或妾，亦有些因家中男人無力再撫養女兒而將之賣給富人當婢當妾，相比當婢，可以成為妾已是有幸。大多妾本身在社會上都是地低比較低微，如被掠奪的女奴、罪犯的妻女、被販賣作為奴等。例如電視劇有時會看到少女「賣身葬父」情節。為何要賣身葬父呢？難道不可以挖一個洞，用一張蓆子捲着簡單埋葬嗎？事實上賣身葬父一方面可以好好按禮儀安葬父親，表達孝心；另一方面因父親過世，兒女生活都有困難，所以希望可以在富有人家中為奴為婢，有幸

的話女兒甚至可當妾。

　　媵與妾表面上雖然類似，都不是正妻，但戰國時媵一般都出身皇族或貴族，未結婚前地位與嫡妻相若；但妾卻本身地位卑賤，故實際地位亦遠低於媵，在夫家妾地位有如奴婢，被視為賤妾，家主甚至可以任意處分她（但法律上不能打死她）。不過，對她們來說，有機會為妾已經是有幸。又如張藝謀導演的作品《大紅燈籠高高掛》，其女主角正在讀大學，在民國初年能讀到大學是很難得的，但她的家人要她嫁給別人作四姨太，因為她的父親死後家道中落，後母只希望把她賣掉。她一進入夫家後，立刻被她的婢女針對，因為那個婢女同樣年輕而又有幾分姿色，若不是她嫁進來，婢女就可能成為四姨太，而她嫁進去後，婢女不單夢碎，還要當新姨太的奴婢。可見做妾雖然可憐，但在當時社會，受到老爺寵愛，生活和家中地位已可大為改善，若沒有幾分姿色，可能一生只能成為服侍妻妾的婢女。

　　而歷史中就有一自幼在亂軍中流離的女兒宋福金，之後被刺史王戎收留，之後作為王戎女兒的陪嫁女出嫁給徐知誥，由於王氏女兒體弱不育，她將宋福金送給徐知誥後，宋福金很快為他生下兒子，及後王小姐早故，宋福金被扶正為繼室夫人。937 年，徐知誥取代南吳稱帝，並立宋福金為皇后。她由一亂世流離的丫鬟，最終得以成為皇后，這一生可說幸運之至。

　　隨着宗法制度逐漸加強，正嫡之外，所有次妃、副妻、媵全都一律統稱為妾。妾要稱妻為主母，基本上需完全聽命於主母，甚至丈夫過世後，妾可以被主母賣掉。而事實上，古時常有主母針對、甚至虐待妾侍的情況，有的更在丈夫過世後將妾

賣掉。皇宮之內亦然，皇后仍後宮之首，負責管治後宮，所有妃嬪都要聽命於她。可能是為了減緩妻妾之間相互嫉妒而引伸的家庭紛爭，七出之條其中一條就是妒，即對妾妒忌是可以作為休妻的條件。有不少紛爭可能的確是出於妻妾間的嫉妒，但更多時不單單出於情感嫉妒，有時候對妻子來說她亦都可能認為是自身職責所在，當下層的妾身和僕人帶着不少陋習進入家門，主母便有責任對他們嚴加管教。另一方面，亦不一定都是主母有意虐待妾侍，亦有受寵的妾侍背着丈夫故意挑釁主母、誘使主母犯錯的情況（伊沛霞，2004：150）。而作為丈夫，亦不一定能公平處理妻妾間的紛爭。

《聖經・創世紀》第 16 至 21 章中都有類似事蹟，以色列先祖亞伯拉罕的妻子撒萊由於沒有生子，撒萊就找了她一位信任的女僕夏甲與丈夫行房並懷孕，作為丈夫妾侍，豈知當夏甲懷孕後就看不起主母，撒萊感到備受委屈，埋怨丈夫，並虐待妾侍夏甲；之後撒萊生了兒子之後更要求將夏甲和她兒子以實瑪利趕走，亞伯拉罕很無奈但最終亦將夏甲及其子送走，有說今天部分阿拉伯人就是以實瑪利的後裔，因而與以色列長期敵對！可見，多妾制所產生妻妾爭寵乃人類千古難題。

妾基本上沒有宗法地位、無權參與宗族祭祀活動、不被視為家庭正式成員，亦不受七出之條保障。妻家和夫家是同生共死的「盟友」關係，但妾家與夫家沒有如此緊密的關係，唯一好處是若夫家被誅九族時，不會誅到妾族；妾被稱為「庶母」，而由她所生的子女便稱為「庶孽」或「庶子」，宗法制上，庶子的母親首先是主母（嫡妻），其次才是生母，庶子在家的地位甚

至比生母還高，因為他與父親有血緣關係，而妾跟夫君之關係甚至在社會上亦不被認可，妾甚至沒有管教自己子女的權力。明朝的納妾文書中稱買方為「銀主」，並載明了買賣價格、契約效力，具有濃郁的商品交易色彩，根本就是商業契約，故有學者認為妾與夫之間不能稱為婚姻（張珣，2012：3-4）。雖然唐、明、清的法律中有涉及妾，但主要精神是強調妻妾之別，禁止妻妾易位，保障妻子地位，有關妾的服喪制和通姦罪其實都是保障家主，而非肯定妾侍身分。有時嫡妻無子，又或兒子早逝，庶子就有機會成為繼承人，但生母身分不會變，妾依然是妾，故古文有說：「毋以妾為妻。」（《穀梁傳》）《唐律疏議》更明確規定：「以妾及客女為妻，徒（坐牢）一年半。」《大明律》亦規定：「以妻為妾者，杖一百；妻在，以妾為妻者，杖九十，並改正」。

　　由於妻妾之間很有可能出現爭寵的情況，尤其在皇宮中爭鬥更甚，所以禮制、法制都反對嫡庶易位，嫡庶身分一經確定就不可改變，除非嫡妻死了，妾才有機會成為妻。周禮更以嫡妻為唯一絕對，就算過世，再娶都只是繼室，不能為嫡。簡單來說，皇后死後，太子仍是太子，不會被其他人取代他的地位。宮廷鬥爭其實可以十分兇險，各人為了保全自己和子女的性命，可以不擇手段。所以周禮規定，妻妾的位置不可變動，妾永遠都是妾，不能轉正。但這只是制度，現實當然不會如此簡單，否則又怎會有這麼多宮廷鬥爭的故事？由於利益攸關，以庶代嫡、廢嫡立庶、嫡庶爭鬥、諸庶爭嫡的事常有發生。最明顯例子就是武則天迫害王皇后和蕭淑妃，之後自己成為皇

后。另一方面,「妾不可扶正」亦曾有爭議,在魏晉時期,顏之推認為扶妾為正是有好處的,簡單來說假如皇后離世,誰人做皇后?若在外娶一個新皇后回來,而後宮已經有很多勢力割據,其實很危險,會引申其他的鬥爭。妾扶正便可以減少新娶正妻所帶來的紛爭,亦可減少後室之子與前室之子的鬥爭。舉例《羋月傳》中,秦惠文王后死後,沒有以妾為妻,反而在楚國娶了楚威王的嫡公主羋姝;而魏琰本是原配王后的妹妹,被封為僅次於王后的夫人之位,並生下兒子,所有人都本以為王后死後她可以登上王后之位,不料被羋姝當上王后而不甘心千方百計想陷害羋姝,為兒子爭取王位,而羋姝年輕剛到秦國而勢孤子弱,甚至幾乎被廢和喪命,結果經十幾年宮廷鬥爭,慢慢變成一個心胸狹隘之人,處處防範並打壓原本最親的妹妹羋月。《羋月傳》雖是歷史改編,但當中劇情正反映顏之推主張扶妾為正的好處。

另一方面,很多人羨慕皇帝「後宮佳麗三千」,但其實後宮並非都是漂亮的,如光緒的皇后及妃子,由於光緒沒有實際權力,皇后及妃子都由慈禧挑選,都是慈禧信任的人。光緒曾經深愛着珍妃,但因珍妃威脅到皇后的地位,慈禧就趁八國聯軍入侵時借機將珍妃淹死,光緒看到珍妃屍體後,大受打擊,之後八年不近女色,直至生命結束。可見如自身沒有權力,皇帝連自己的妃嬪是誰也控制不了。另外,傳統儒家亦擔心宮廷太多美女爭妍鬥麗會引來後宮政治問題,皇帝已經要管理國家,如要再插入後宮的鬥爭,其實是煩上加煩(筆者在工作忙碌時如遇到兩位女兒爭鬧亦感到很煩)。所以為了不要太多美人爭

妍鬥麗、迷惑皇帝，並非所有皇帝後宮都美女如雲。

在歐洲其實很多皇室貴族都有情婦，並且是與男主人另找一處住所同居。與中國相比，歐洲情婦地位比中國人的妾還要低，關係都是不能公開的，而且她們的兒女不被承認，亦沒有繼承權，並且很多情婦與貴族同居一段時間後都會被拋棄。著名神學家奧古斯丁信奉基督教前，就有情婦和私生子，並因母親反對緣故而拋棄她們。中世紀羅馬很多王室貴族在婚前與情婦同居，以滿足性慾，很多因為家庭政治的考慮，到了結婚年齡無論多不願意都會拋棄她們，與王室貴族的公主、小姐結婚；有些國王結婚後仍然在外找情人，某程度是為對感情的補償，因為大多數國王找妻子都是為政治好處和合法地延續家族血脈，而沒有感情基礎。另外在外找情婦亦可避免家庭內部因繼承財產和權力上發生衝突，因為情婦及其子女都不合法，不可享有妻及子般的榮譽和繼承權（薄潔萍， 2005：128-138）。

實質是否就是一夫多妻制？

雖說傳統中國是一夫一妻（多妾）制，但亦有人反駁這實質根本就是一夫多妻制，到底哪一個表達更合理地反映傳統婚姻制度？筆者認為一夫一妻（多妾）制比較合理。首先有多妾的人家其實佔極少數，未能反映一般社會情況，而且妾於大多朝代並沒有宗法地位，地位與奴婢無異，以今天的說法就是沒有法律認可的地位。正如香港有些富人都有包養「二奶」、「三

奶」等。而絕大多數市民都只是一夫一妻，我們不會因為香港有少數人在制度以外包養女人就否定香港是一夫一妻制。從制度角度來說，傳統中國婚姻的確是一夫一妻（多妾）制，只可以說是容許多妾存在。但有說法是自《唐律》以後法律條文都有「妾」，所以自古妾是有法定地位。但細看會發現有關條文都是為反對「以妻為妾」，是為保障妻而非保障妾。

另一方面，有些人亦認為傳統實質根本是多妻制，一夫一妻（多妾）制根本名不副實。這看法可能由於今天和傳統社會文化很不同，的確，在現代社會包「二奶」普遍仍面對社會道德批評，但在傳統中國納妾不單不被批評，甚至是富人身象徵，才會有「傳統三妻四妾」的說法。納妾可為家族傳宗接代，又可為國家增加人口，再加上古代社會天災戰亂，父親若失去照顧女兒的能力，就只好賣給富家子弟當妾當婢，生活可才得保障，與今天為奢華生活而當情婦很不同。今天女性地位大大提升，使很多婦女更獨立，不再忍受丈夫不忠的行為。但若論實際處境，今天「二奶」實際地位（非法律地位）可能比傳統妾侍更好，起碼不用再受制於「大婆」之下，有獨立財產權。

廢除婚姻制，性愛更自由？

雖然周公制定一夫一妻制，但事實上很多富有、有權勢的人不需理會道德制約隨意置妾。王公貴族、官僚文人、豪富巨室為了自身享樂而置妾是很普遍的事，這些羣體卻導致社會

性別比例嚴重失衡，很多女性都在皇室做妾或婢女，平民老百姓便沒有足夠的女性成婚，出現「內多怨女，外多曠夫」（《漢書‧王貢兩龔鮑傳》），一些窮苦人家甚至因此出現了兄弟共娶一妻的怪現象。

面對民間性別嚴重失衡問題，自宋朝起，受到儒家程朱理學強調「存天理，滅人慾」，對立妾有一定限制。「滅人慾」並非指要禁慾，而是反對縱慾，強調理慾合一。在婚姻觀念上產生兩個影響：一是貞節觀（參第十章）；二是限制男人置妾，除非嫡妻到一定年齡不能生育，才可以納妾。明朝《大明會典‧卷五十七》載：「親王妾媵、許奏選一次、多者止於十人。」事實上廣大勞動羣眾生活艱苦，莫說納妾，連娶妻都不容易。生活很現實，對很多貧家女而言，莫說嫁進富人家當妾，就算做婢女，最少也能確保生活溫飽；如嫁給一個貧農為妻，生活沒有保障，萬一遇上疾病或災難，隨時三餐不保。

清朝由於是滿人社會，原先行多妻制，以致入關後一段日子依然有多妻情況，但清政府後來改變法律，禁止多妻重婚，視後娶之妻為妾，所以清朝對立妾的確較寬鬆。直至中國 1950 年實行的《婚姻法》強調一夫一妻，禁止重婚、納妾（雷潔瓊，1991）。香港英殖時期因以「華律」治理華人，故依據《大清律例》保存妾侍制，直至 1971 年才為香港政府正式取締，並制定合法的婚姻為「一夫一妻」制。而台灣亦於 1980 年代起禁止重婚和納妾。

今天有性解放思想批評一夫一妻制限制個人性自由，並主張廢除婚姻制。但回顧歷史，沒有道德制約，女性仍會說：

「冇樓唔好白撞」、「有樓有高潮」，性自由的結果可能與自由經濟一樣，就是貧者愈貧，富者愈富。富人享有更多自由，而萬千少女則要為生活保障而到富人家當「阿三」、「阿四」、「阿五」……而一般平民則可能找個女伴都很困難。可見，一夫一妻制於夫妻關係上雖不是較自由，但起碼較平等。

9 儒家會支持同性婚姻？

美國最高法院於 2015 年 6 月 26 日以五比四些微之差裁決同性婚姻為合法，這一決定無疑於美國這主要以基督教精神立國的國家充滿爭論，其中支持同性婚姻的肯尼迪法官（Justice Kennedy）於判決說明中引用孔子的說話更引起中國網民爭議，究竟儒家是否會支持同性婚姻？

對於傳統中國人來說，一說到對同性戀的看法他們立刻會提出「同性戀不能生仔」，「不孝有三，無後為大」（《孟子‧離婁上》），同性婚姻豈非不孝？所以一般中國人聽聞肯尼迪法官引用儒家經典支持同性婚姻都感到大惑不解。其實肯尼迪法官引用的，是《禮記‧哀公問》：「禮，其政之本與！」這裏「禮」一般學者都認為是指婚禮，肯尼迪法官引用這說話想指出對於儒家來說，婚姻很重要，是政治社會的基礎。其實除了儒家外，肯尼迪法官亦引用羅馬哲學家西塞羅的說話，帶出婚姻的重要性。但為甚麼美國法官要引用儒家和羅馬哲學家，而不引

用美國重要傳統典籍《聖經》討論同性婚姻？一方面當然因為《聖經》明顯是反對同性戀的，[1] 另一方面，亦反映肯尼迪法官感受到來自基督教的文化壓力，所以希望透過引用東方或其他西方權威學說以抗衡基督教的文化壓力（張祥龍，2018：64）。但其實與其說肯尼迪法官是相信儒家的精神，倒不如說他是相信西方個人主義和性解放思潮。眾所周知，儒家其實亦不贊成同性婚姻，在《禮記 · 哀公問》裏，孔子說：「夫婦別，父子親，君臣嚴，三者正，則庶物從之矣。」「天地不合，萬物不生。大昏（婚），萬世之嗣也。」可見孔子心目中的婚姻是男女結合成為夫妻，並且要生養後嗣，繁衍後代，建立健康的親子關係，以發展出正確的君臣關係，所以婚禮既是「禮之本」（《禮記 · 昏義》），又是「政之本」。所以肯尼迪法官整篇判決說明與孔子在《禮記 · 哀公問》的學說明顯有重大衝突。

其實肯尼迪法官也承認孔子和西塞羅說的婚姻是指異性婚姻，但他認為時代已改變，許多傳統制度（如：父母包辦婚姻、男女不平等婚姻等）都已被拋棄，婚姻只涉及個人的情感和意願，生育與否都已不再重要，所以已再無理由反對同性婚姻。誠然，現今是工商業、知識型社會，不少於農業社會形成的習俗今天不再適用，但問題是：是否所有傳統的元素都已過時？會否有些元素不是出於農業社會，而是基於人性的理解及大自然生態秩序？婚姻是否只是個人的選擇，與國家社會無關呢？

1　近年有所謂支持同性戀的基督教同志神學或同志釋經理論，但這些理論在主流基督教傳統並未得到支持，有關聖經分析的爭議可參何善斌文章（2003）。

生育是否真的不再重要呢？

對於儒家來說，男女結合的婚姻不單是為要繁衍後代，亦是基於大自然萬物的生化秩序，是為建立家庭倫理，以及國家社會的秩序。另一儒家經典《周易》中強調：「一陰一陽之謂道，繼之者善也，成之者性也。」（〈繫辭上〉）荀子基於《周易》亦指出：「天地合而萬物生，陰陽接而變化起。」（《荀子・禮論》）反映古人認為宇宙萬事萬物的運作原理是基於陰陽相互作用，按着陰陽之道生化萬事萬物的就是善，成就天命之性。另外《周易》中亦指出天地萬物生化的秩序：

> 有天地然後有萬物，有萬物然後有男女，有男女然後有夫婦，有夫婦然後有父子，有父子然後有君臣，有君臣然後有上下，有上下然後禮義有所錯（設立）。男女之道，不能無感也……相感則為夫婦，夫婦之道，不可以不久也，故受之以恒，恒者久也。（《周易・序卦》）

先有天地萬物，之後有男女，才有夫婦（即婚姻制），生兒女後有親子關係及家庭制度；很多家庭聚集在一起後，便慢慢形成國家及君臣（社會）制度。在古代社會科學不發達，所以儒家特別強調要管理好家庭，之後才可以管理好國家和社會秩序，反映儒家以家庭倫理為社會倫理的基礎。所以《白虎通・嫁娶》中說：「人承天地施陰陽，故設嫁娶之禮者，重人倫、廣繼嗣也。」人要按天地陰陽之道而行，即要結婚、生育、建立適當的家庭倫理關係。可見對於儒家來說，婚姻必然是男

女結合繼而繁衍後代，這是最自然最符合人類本性的婚姻（黃啟祥，2018：87），這不單只是個人的意願，亦是為要建立恰當的家庭關係及國家社會秩序。因為對儒家來說，家庭除了為生養後代，亦是下一代品格培育的首要地方。所以孟子才對人們常說的「天下國家」有以下解釋：「天下之本在國，國之本在家，家之本在身。」（《孟子·離婁上》），而《中庸》亦說：「仁者，人也，親親為大。」作為仁者，最起碼就是親愛自己的親人，每個小孩子自出生最先就是在家庭裏學習孝敬、社交禮儀和處事態度，如果可以做到「人人親其親，長其長」，則天下可以太平（《孟子·離婁上》）。這正正是《大學》中「修身、齊家、治國、平天下」的思想。事實上，宗教學者們指出這些觀點不單單是儒家所持有，亦是世界其他五大宗教傳統（猶太教、基督教、伊斯蘭教、印度教、佛教）所共同相信的觀點（Browning, et al., 2006, xxii-xxvii），反映這些觀念有一定的跨文化跨時代之特性。

至於生育方面，在第二次世界大戰結束後，由於戰後嬰兒潮、先進醫療保健的愈趨普及和農業和工商業日益發達，世界人口迅速增加，生育變得愈來愈不重要，中國政府於 1980 年甚至推行一孩政策以控制人口。但近年全球人口老化愈趨嚴重，中國政府又於 2021 年推出三孩政策鼓勵生育，可預見生育於婚姻中的重要性將會漸漸提升。

過去，很多人認為同性戀家庭同樣可以撫養下一代，並說有研究指同性撫養對下一代成長並沒有負面影響。首先，有學者指出過去支持撫養的研究樣本很多都不具代表性 —— 個案

都是來自女同性戀者家庭，其結論不能應用於男同性戀者家庭（Marks, 2012），另外，這些研究都承認同性撫養的孩子更有可能發展同性戀傾向，只是他們本身立場上認為同性戀傾向並不是問題，所以認為這並非負面影響。而最近一些大規模的社會科學研究更表明，同性撫育對兒童有不少負面影響，除了更有可能發展同性戀傾向外，更容易有抑鬱和自殺意念、吸毒、酗酒、犯罪等行為問題，且受教育程度會較低下（Schumm, 2018）。加拿大有研究發現同性家庭孩子的高中畢業率只有異性雙親婚姻家庭孩子的 65%。來自男同性戀家庭的女孩尤其處於不利地位。與異性雙親家庭的女孩相比，她們的高中畢業率只有 15%（Allen, 2013）。有關同性撫養的影響實在有待更多研究，但依暫時研究可見，同性戀家庭並非撫養下一代的合適環境，以上討論更反映出婚姻家庭制度並非單單涉及個人的情感和意願問題，更涉及下一代的福祉和國家社會的發展。

張祥龍（2018：56-61）指出，雖則儒家並不會贊成同性婚姻，也不會鼓勵同性戀，但對同性戀者會持有較寬容的態度。一方面，萬物既是陰陽生化，那變化就可能有不確定性，除了典型的陰陽體現外，出現陰陰（女同性戀）、陽陽（男同性戀）亦不足為奇，但同性戀始終是「陰陽相交不充分而生出的某種偏離」，所以儒家仍不會鼓勵。另一方面，儒家更重視以個人的道德品格，而非其性傾向判斷別人。在《左傳》中記載魯昭公的兒子公為和他的「嬖僮」（男同性戀）汪錡為抵抗齊國入侵，奮不顧身而戰亡。孔子表示可以不用殤禮（祭未成年人的禮）來祭他，以表達對他的尊敬，可見孔子並不因汪錡是同

性戀者而忽視了他的德行和貢獻。但《禮記・檀弓下》記載此事和孔子的評論中，並未明示汪錡與公為的同性戀關係，亦反映儒家對這種關係是有保留的，不願意表達任何鼓勵同性戀的信息。

兩性篇

10

三從四德是壓迫女性的思想嗎？

── 夫妻關係的變遷

妻與夫齊

一般學者都說傳統中國重視父子關係多於夫妻關係，但其實傳統中國也很重視夫妻關係的。從甲骨文夫可以看到「夫」就是一個男子站着；「女」彔是一名女子謙恭跪下；而「妻」的甲骨文裳是一名跪下的女子頭髮向上豎起，可能是有人用手幫她梳頭髮。根據《說文解字》：

> 妻，婦與夫齊者也。从女从中从又，又，持事，妻職也。赏，古文妻从肖女。肖，古文貴字。

上文反映妻在家的基本功能是持家，並與夫「齊」，意思與夫是平齊，跟齊，可見古人並不認為妻的地位低微，地位低的女性是妾、奴婢。傳統中國雖說夫為妻綱，但「妻」基本的定

義是與夫平齊、齊心、平等的意思。「妻」從肖（貴）女反映古人作妻的一般家庭背景都較有社會地位。另外，傳統中國亦有不少夫妻地位平等的觀念，如舉案齊眉、相敬如賓、比翼齊飛等，文人學者都認為夫妻應彼此尊重，平等看待。

婚禮中有兩個儀式「共牢」與「合巹」就是反映同尊同卑，亦反映生命連結，有福同享，有難同當：

> 共牢而食，同尊卑也。故婦人無爵，從夫之爵，坐以夫之齒。（《禮記‧郊特牲》）

雖說如此，古時妻子的確還是要以夫君為先，連姓氏也冠夫姓，所謂夫貴婦榮，妻子都希望丈夫可出人頭地，時至今日，這觀念仍影響着不少女性。但其實相比西方而言，中國女性仍可保留父姓，只是在之前加上夫姓而已，反映對妻子的尊重，容許其保留原先家庭的蹤跡；反而英國女性結婚後不但要改為夫姓，而且不會保留父姓，如香港人熟悉的戴卓爾夫人，戴卓爾（Thatcher）是丈夫姓氏，她原先姓 Roberts，但結婚後她便從夫姓，稱為 Margaret Thatcher。

傳統社會認為夫妻一旦成婚，便應長相廝守，矢志不渝。故有說：「壹與之齊，終身不改。故夫死不嫁。」（《禮記‧郊特牲》）相對於現代女性強調獨立地位，很多人認為傳統女性地位低微是由於過分依賴丈夫，才會使女性地位比男性次一等。這說法並非沒有道理，若夫妻真的同心，關係很好，理應不會斤斤計較，但若丈夫不尊重妻子，夫妻關係不和，這些夫貴婦

榮的傳統觀念的確很容易被濫用，成為壓迫女性的根源。

　　歷史中夏、商、周，雖為父權社會，但夫妻關係仍然比較平等，直至漢朝提出夫為妻綱後，女性地位才漸漸下降。這反映於東漢成書的《白虎通德論》（又名《白虎通義》）中：「夫婦者，何謂也？夫者，扶也，以道扶接也；婦者，服也，以禮屈服。」（《卷七・三綱六紀》）意即丈夫有道義需扶持妻子，而妻子則要按禮向丈夫順服。這看來很不公平，原因可能在於昔日父權社會下的男性比較有權勢，亦有較多受教育的機會，所以自然便出現以男性為主導的觀念。

三從

　　對於傳統中國要求女性要有「三從四德」，今天對此規範則多是批評。「三從」古文出處來自《儀禮》：

　　　　婦人有三從之義，無專用之道。故未嫁從父，既嫁從夫，夫死從子。故父者，子之天也。夫者，妻之天也。婦人不貳斬者，猶曰不貳天也，婦人不能貳尊也。（《儀禮・喪服・子夏傳》）

　　一般理解「從」為服從，即認為女子未嫁時要服從父親，出嫁後服從丈夫，丈夫死後服從兒子。但古文原先「從」並非此意，結合上文下理，原本所說的「三從」其實是討論關於喪

服的問題，「不貳斬者」是指不會重複在喪禮中穿「斬衰」之服，傳統居喪期間親人要按親疏分別穿五種喪服，即斬衰、齊衰、大功、小功和緦麻五種等級，這制度稱為「五服」，斬衰之服是最親密的家人所穿的，即以一塊粗麻布，將之斬下並披上身，稱之為「披麻帶孝」。因此，三從其實是指若女子未嫁時要為父親守喪，則穿斬衰之服，嫁人後是別家的人，不能再為自己父親穿斬衰之服守喪，要跟從丈夫為夫家守喪。故「從」原本是指跟從誰守喪的意思，之後才慢慢被人理解為順服、跟從的意思。

此處雖也體現出兩性不平等，但亦反映着三種不同的規範：

一、未嫁從父，即根據父為子綱，就要服從父親的教導，婚姻大事更加要聽從父母之命。

二、既嫁從夫，即按夫為妻綱，要服從丈夫，亦表示婦人沒有自己的社會身分地位，離開父家後便是夫家媳婦。

三、但夫死從子呢？如果這裏理解為服從便不合理，因為傳統儒家強調孝道和長幼尊卑，母親是尊長，總不會要母親服從兒子，這在傳統中國不孝，是屬十惡不赦之罪；可見「從」應是指社會身分，簡單來說就是指社會上是屬誰家的人。

從前社會是以家庭為單位參與鄉村和社會事務的討論，若女子未嫁便由父親為代表，女子嫁人後便由丈夫為代表，丈夫死後便由兒子代表。正如以前皇帝逝世後，不是由皇后執政，而是由太子成為皇帝執政，原先皇后則成為太后。這反映「男主外、女主內」的思想，但另一方面亦可以說社會要求男性要

擔負起照顧家庭和女性的責任。高彥頤（2005：6）指出二十世紀很多學者將「從」解釋為「完全服從」是過分簡化的理解。「三從」無疑否定了女性的法律人格和獨立的社會身分，但並不否定她的個性和主體性。

很多現代學者批評儒家父權思想視妻子為丈夫所擁有的財產，這批評並非完全正確的。如杜維明（Tu, 1998: 132）指出，妻子的地位不僅是受其丈夫地位影響，還會受自己家族地位影響，而晚年則是受她兒女的經濟和政治條件影響。最明顯例子就是隋朝開國皇帝隋文帝，他一生只娶一妻，沒有任何妃嬪，因此他的五個兒子同出一母，並非後宮沒有美女，而是因為他怕老婆，即獨孤皇后不允他與其他女子相好。一次，隋文帝趁獨孤皇后病了，走到後宮臨幸了尉遲迥孫女，之後獨孤皇后派人將尉遲迥孫女殺了，並將她人頭放在盒子送到隋文帝處，隋文帝氣得騎馬跑出皇宮，並嘆道：「吾貴為天子，不得自由。」隋文帝是心狠手辣的霸主，為甚麼怕老婆？就因為獨孤皇后的娘家勢力，她父親獨孤信是北周重要將領，關隴集團核心人物之一，又是西魏八柱國之一，雖然隋文帝未即位獨孤信已經離世，但家族勢力依然龐大；獨孤皇后本身亦是有才幹有計謀的人，並常與隋文帝臨朝聽政，隋文帝奪得皇位靠的就是關隴集團和獨孤家族，得罪獨孤家恐皇位和人頭都不保。

高彥頤（2005：11-12）引用皮耶 · 布迪厄（Pierre Bourdieu）的哲學理論指出男性雖擁有「官方權力」，但女性在家經常運用的是實際的「支配權力」，尤其在婚姻大事上，女性實質有很大決定權，只是都在男權的「掩眼法」下行使。基

督教輔導員葉萬壽曾於公開講座中，聽一位女士跟他說：「雖然聖經說丈夫是妻子的頭，但妻子是丈夫的頸，她要將頭轉向哪方，頭就要轉向那方！」所以在一般家庭裏，對於一些重大決定，丈夫的影響可能較大，但在日常很多實際安排上，妻子可能才是真正發揮影響力的人；即使表面上丈夫處於主導狀態，但實際上妻子有許多非正式的方式去做她認為合適的事，或至少可表達她的看法，而傳統中國女性在家庭中表現出的忍讓和克制，是為要確保維持她心目中家庭的幸福。杜維明（Tu, 1998: 127, 132-133）認為對於儒家來說，夫妻間依然是以相互性為原則，「男尊女卑」、「男主外，女主內」這些觀念與其說是強調誰主導誰，不如說更着重的是男女如何在家庭裏分工。

四德

四德就是「婦德、婦言、婦容、婦功」，原本出於《周禮 • 天官 • 冢宰》。東漢經學家鄭玄注解四德為：

> 婦德謂貞順，婦言謂辭令，婦容謂婉娩，婦功謂絲枲。（《周禮註疏》）

另外東漢班昭的《女誡》解釋更為詳細：

婦德：「不必才明絕異也」，要「清閒貞靜，守節整齊，行己有恥，動靜有法」，即不用聰明過人，但行事要品行端正、

整齊、恰到好處。而鄭玄解釋「貞順」是對丈夫忠信，對長輩順從，即孝悌忠信。

婦言：「不必辯口利辭也」、「擇辭而說，不道惡語，時然後言，不厭於人」。即說話要「恭」、「和」，不需要能言善辯、口齒靈利，而是對答要大體恰當，不要以言傷人、搶話、多言多語、使人討厭，尤其大家族最忌女性挑撥離間，喋喋不休，使家人不和，故胡亂說話是屬七出之一；

婦容：「不必顏色美麗也」、「盥浣塵穢，服飾鮮潔，沐浴以時，身不垢辱」。即不要求漂亮，但要常清洗衣服，按時洗澡，整齊乾淨。鄭玄解釋為「婉娩」，即不可輕佻，神態大方得體。孔子亦認為妻子應「賢賢易色」，重品德不重容貌。

婦功：即是要懂得做家務，鄭玄解釋為「絲枲」，即採桑養蠶、織作。《女誡》解釋為「不必工巧過人也」、「專心紡績，不好戲笑，潔齊酒食，以奉賓客」，專心於刺繡、縫紉、飲食烹飪接待客人等家務，並且要負責準備祭祀用品和協助祭祀等事。

現代人提到四德時，大多認為是壓迫女性的思想，但其實四德在傳統社會是宮廷教育婦女的門類，後來被擴展至上層家庭，並漸漸普及化，因此起初是貴族才可以學習四德，普通農家婦女根本沒有機會學習，農村婦女們除非要待在家中照顧幼童，否則都一樣要出外擔水、下田耕作。後人將「四德」連同「三從」連稱為「三從四德」。

今天中國已由農業社會漸變更成工商業，甚至服務業、知識型社會，生產模式已不再依靠體力，傳統的四德教育明顯

亦不再完全適合現代社會，在知性上男性亦不見得優於女性，甚至不少女性的社會成就比男性更為超卓，女性地位亦大大提升。胡適甚至開玩笑建議朋友成立 PTT 會（怕太太會），又說現代男士也要有「三從四得」，就是「太太出門要跟從，太太命令要服從，太太說錯要盲從」，「太太化妝要等得、太太生日要記得、太太打罵要忍得、太太花錢要捨得」（摘自陳嘉凌，2017：40）。

11 童養媳 —— 傳統中國地位低下的女性

　　在我閱讀眾多家庭故事中，童養媳可謂傳統中國地位最低下的女性之一。有說童養媳源自周朝的媵嫁制，即是出嫁新娘未成年的妹妹或姪女隨姊姊一同嫁給男方。亦有說源於秦、漢時期帝王之家盛行選拔幼女入宮，待成年後選拔為妃嬪或賜予其子弟為妻妾。但這兩種說法並不可靠，因這兩種婚姻形式都是富有人家為女兒將來可以大富大貴，又或將來可以發揮政治影響而作的政治聯婚安排，與童養媳大都出於貧家，男方為減輕將來聘金，女方為免除扶養負擔的目的完全不符，如李奎原（2016：48）所說：「貧困才是送、抱童養媳的根源所在。」較為可靠的說法是源於宋朝，當時有大量關於童養媳的記載出現，到了明清時期就更為盛行。

　　自古以來，當人口壓力上升，生活陷入窮困，民間為紓解壓力，便會出現溺殺女嬰的習俗（因重男輕女），尤其閩粵地區於宋元之後人口大增，一些子女眾多的貧窮之家就更多出現

「溺女」的情況，這可說是古代中國有別於墮胎的另一「節育」方式。各地官員及仕紳面對如此殘忍的溺女風氣，有作戒文勸世，或下禁令禁止溺女，更進一步則設有育嬰堂以收養棄嬰，希望以應對此陋習，而民間亦遂轉而以「乞養」之名義收養女孩為童養媳，其且於元朝法律令得到認可；到了清代之後，童養媳的習俗更盛行於中國南北，尤其是閩粵地區，之後亦傳入台灣（曾秋美，1998：24-29）。

根據清同治《贛州府志》記載，江西贛州的童養婚原因是「人民為避財禮負擔計，於是收養童媳者，幾於十而五六。」而在江西新城：「農家不能具六禮，多幼小抱養者，謂之童養，男女長大，擇日成婚。」在山西翼城：「山村貧寒之家，不能如禮者，亦間以幼女送男家養之，亦有以男贅女家者。」可見童養婚原因除了因為家貧，亦因為六禮費用昂貴，無論聘禮或嫁妝費用都為數不菲，尤其清代嘉道以後社會風氣競尚奢華，造成聘金費高、出嫁甚難的現象。而童養婚就可大大減低開支，女家沒有了嫁妝之憂，更可免除扶養女兒的負擔；男方不只可大大減輕聘禮和婚禮負擔，又可增添家庭勞動力，並且由於童養媳自幼由婆婆養大，視婆婆如母親，自然更信服婆婆的權威，而婆婆亦因媳婦是她從小帶大，對媳婦的敵意和猜忌亦會因而減少（曾秋美，1998：83-92；許佩瑜，2013：12-13）。

童養媳出現的另一成因與傳統社會重男輕女觀念有關，由於傳統宗法制強調生男嗣才能發展家族，一旦生了女兒，都認為女兒日後都要嫁人，經濟價值不高，並且出嫁時要支付嫁妝，是「賠錢貨」，所以有些便將她們送給別人，成為童養媳。

若再加上家庭本身經濟拮据，更會自然將女兒送人撫養，或當養女，或當童養媳，藉以減輕家庭的負擔。而收養一方則多傾向收養為小媳婦，而不會當自己養女，因女兒長大後還要嫁人，又要為她支付嫁妝，媳婦不但可省回嫁妝及兒子娶妻的禮金，而且媳婦終身都是自家的人（曾秋美，1998：77-79）。

此外，亦有政策方面的原因，古代社會人口稀少，為加快人口繁殖，朝廷大多鼓勵早婚早育。春秋時越王勾踐宣佈的政策：「女子十七歲不嫁，其父母有罪；丈夫二十不娶，其父母有罪。」（《國語‧越語上》）西漢惠帝曾經下令：「女子年十五以上至三十不嫁，五算（即交納五倍人頭稅）。」（《漢書‧惠帝紀》），晉武帝亦要求女子必須早嫁人。如果年滿 17 歲還沒嫁人，地方領導要安排人和她成親，否則要被治罪（《晉書‧武帝紀‧卷三》）。這些鼓勵早婚早育的政策都間接推動了童養婚的出現。另有部分是因父親為女兒算命，算命結果認為女兒八字與家人相剋，會使父母折壽、家道中落，因而將女兒送人作養女。亦有部分是出於迷信，由於收養家公婆病重，以為替兒子娶妻，可以沖喜，喜神可驅霉事，使病情好轉（胡志彬，2008）。又或收養方無子，迷信認為收養童養媳可以招弟等（曾秋美，1998：85-87）。

童養媳的際遇與心理

至於童養媳進入養家後的遭遇，則有好有壞，好則被視如

已出，甚至供書教學，如掌上明珠；壞則被視為家庭勞動力，自小就要幫忙做家務、處理農務、照顧弟妹，外出工作接濟家庭，且大多數都沒有受教育機會，有些養父母甚至對童養媳甚為苛刻，稍有不順便對她們毒罵痛打，但即使娘家聽聞養家虐待養媳，也會礙於情面、承諾與信用，不予阻止及拒絕協助，因此童養媳只能獨自承受（曾秋美，1998：142-152）。童養媳到適婚年齡後，便會與未婚夫圓婚，有些更因擔心童養媳長大後會跑掉，只待童養媳生理發育成熟（14 至 15 歲）便儘早安排成婚（曾秋美，1998：174-175）。如未婚夫於圓婚前就去世，或未婚夫不願意和童養媳圓房，婆家可能會容許童養媳改嫁，或送回娘家，有些則會正式收為養女，但更可能是將童養媳再轉賣給他人為妻、為妾為婢、或賣往妓院（曾秋美，1998：161-166）。

但無論嫁入養家後遭到甚麼待遇，她們自小都很自覺自己是低人一等的，會因被親生父母拋棄而自卑，就算有甚麼渴望或理想，亦不敢積極爭取，畫地自限，形成畏縮、怯懦、自卑等心態，且大多情緒上會較鬱悶、沮喪、憂愁、羞愧和充滿無力感，久而久之，對其人際關係、婚姻及家庭關係亦有負面影響（曾秋美，1998：138-141）。

傳統婚姻安排雖為父母之命、媒妁之言，但一般父母還是會詢問子女意見，假若子女真不願與該對象結婚，父母出於愛女心切亦往往不會勉強。但童養媳在收養之初就被決定了婚嫁對象，進入養家後就算未結婚，也已被視為婆家媳婦，到適婚年齡就當履行婚約，如堅拒不從，則會被視為不孝不義，

甚至可能被賣掉。而童養媳結婚後，有部分會由於缺乏親密愛情基礎，雙方彼此並不相愛，甚至可能各自有其他心上人，只是礙於父母的威嚴下勉強成婚，使夫妻感情不和睦。對於丈夫來說，童養媳妻子自小便已照顧他，就如熟悉的家人，卻因太熟悉反而失去愛情感覺，對性關係亦有不利影響。而且，一般婦人婚後若面對甚麼困難，依然可以回娘家尋求支援，但童養媳自小已被娘家賣到養家，與娘家關係疏離，有甚麼困難都只可以獨自面對，默默承受。亦有因婚姻關係不好造成離婚情況。當然，並非所有童養媳婚姻都是不幸的，有些的確會隨時間適應，可以做到相敬如賓，並且因共同關注兒女的事情而培養出感情（曾秋美，1998：167-192）。另一方面，由於自小地位低下，亦被要求從事很多家務和勞動，不少童養媳成長過程亦培養出能屈能伸、堅韌不拔的個性（許佩瑜，2013）。其次，由於中國傳統重視孝道，儘管童養媳年幼時處於家族下層，但隨着她生兒育女，兒女長大後，加上公婆離世，她在家庭的地位亦都會漸漸提升，受兒孫的尊敬。於現代社會，童養媳可謂幾近消失。首先，新中國建立後便於1950 年頒布新婚姻法，強調男女平等、婚姻自由，禁止重婚、納妾、童養婚等，於當時童養媳被視為階級及封建壓迫的象徵，當時更有「童養媳回娘家」的口號，地主階級亦因當時的政治風氣，不願背負「地主婆」、「階級壓迫」的帽子，而主動與童養媳離婚（張小軍，1996：156-158）。隨着社會經濟增長，家庭條件日益改善，因經濟困難而要賣女或送人養的情況已大大減少，男家亦較有財力為兒子娶妻籌辦婚禮，加上工商業化

使年輕男女走出農村家庭，到城市從事工商業工作，而獲得經濟自主，童養媳已不一定會完全被養家約束，現今的家長也不會再視女兒為「賠錢貨」。更重要的是，社會風氣愈趨開放，教育愈趨普及，男女雙方都有更多機會與情投意合的異性發展感情，因而拒絕兒時父母所立的童養婚約（曾秋美，1998：233-260）。

12 「男主外、女主內」造成女性地位低下？

　　傳統中國重視男女之別，所謂「男主外、女主內」、「男女授受不親」。《易經・象》載：「家人，女正位乎內，男正位乎外。男女正，天地之大義也。」很多西方人都認為中國文化是最一絲不苟、秩序井然、永恆不變地抑制女性的文化，它的擴展和收縮僅僅限於長城所圍繞的整個大陸範圍。西方學者的印象部分源於對中國家庭和社會結構的觀察，在中國家庭裏，男性和女性分別各自有相對獨立的空間，男主外、女主內。但其實很多有關中國性別關係的研究表明，女性很多時都會越過預設的內外界限，因此將內與外作為女性和男性在個人和社會領域作靜態區別並不太適合。

　　Lisa Raphals（1998: 213）認為「男性和女性之間的區別」應被理解為功能性的區別，而非僵化的身體、社會或智力的區別。簡單說，「男主外、女主內」是出於分工，而非為區別尊卑，更非為要抑制女性。《孟子・告子下》說：「有諸內必形

諸外。」內心的特質必會反映在外表上，可見內外並非相互對立和分裂的，而是一種連續關係。就算是地區上，內和外的關係都只是相對的，靠近朝廷城都地區的被稱之為「內郡」，而位於邊境地區的通常稱之為「外郡」，但「外郡」相對於少數民族聚居的外部區域又屬於「內」了。類似中國人的人際關係很多時亦是相對的，遠房親戚相對於家人可能屬於外人，但相對於陌生人又可說為自家人；蠻夷等少數民族通常視之為外人，但歸向朝廷、定期朝貢的又會視之為「內夷」，不朝貢並時常入侵的就視之為「外夷」。

根據余英時（Yu, 1967）所說，由於少數民族的入侵使漢朝更加意識到需要為漢族與少數民族作區別，除了透過修建城牆以阻擋少數民族的入侵，亦通過恰當的性別區分和不平等但相互的親屬關係（父母子女）以區分漢族和少數民族，當時漢人描述少數民族為無男女、長幼之別，有如禽獸：「匈奴處沙漠之中，生不食之地，天所賤而棄之。無壇宇之居，男女之別。」（《鹽鐵論・備胡》）另外《後漢書・南蠻西南夷列傳》中形容外族：「其俗男女同川而浴……人如禽獸，長幼無別。」可見對傳統中國來說，兩性的區別不單只在於生理上的區別，亦着重兩性禮儀上的區別，視兩性禮儀上的區別為人類文明重要的特徵，違反兩性禮儀的作風只停留禽獸或原始人的兩性之別，並非文明的表現。

現代人多認為禮儀只是一些無意義、墨守成規、壓制人的外在儀式，但傳統中國的禮儀並非只是儀式，對於古人來說，禮儀是維護國家和維持社會秩序的重要基礎。如《左傳・昭

公五年》載:「禮所以守其國,行其政令,無失其民者也。今政令在家,不能取也。」《左傳・隱公十一》又載:「禮經國家,定社稷,序民人,利後嗣者也。」《左傳》記載魯昭公自小就是一品格不良的君主,他出訪晉國,雖做足整套冗長的儀式,但在旁人眼中,女叔齊說:「是儀也,不可謂禮。」即魯昭公只是完成外表儀式,並不可稱得上為「禮」,「禮」還須配合內在的品格和態度。

荀子解釋,禮為要調節人的慾望,滿足人的需求:「禮起於何也?曰:人生而有欲,欲而不得,則不能無求。求而無度量分界,則不能不爭;爭則亂,亂則窮。先王惡其亂也,故制禮義以分之,以養人之欲,給人之求。使欲必不窮乎物,物必不屈於欲。兩者相持而長,是禮之所起也。」(《荀子・禮論》)人有慾望是很自然的事,但毫無界線地追求慾望必引致爭執、動亂,最終導致國家衰敗,故先王制定禮儀,以恰當地滿足人的慾望和需求。

「男耕女織」是傳統中國的另一性別分工的描述,按照《周禮》的要求,每年春天,皇帝都要到農壇祭祀農神,祈求風調雨順,皇后則要到先蠶壇舉行「親蠶」儀式。這種重視農業和養蠶的儀式在中國延續了數千年。甚至面對歸降的少數民族,朝廷派往官員的主要任務總是教導夷人耕種和紡織(Yu, 1967: 87)。而明朝晚期稅制改革前,編戶都要通過上繳絲織品和糧食等以作納稅。可見農作物和絲織品都是傳統中國社會的主要產品,透過男耕女織的分工完成,一定程度反映男女的生產地位都受到同等重視,亦反映男女於傳統社會中分別扮演不同的

角色，承擔不同的責任，是彼此分工、彼此依靠的關係，而非一方完全支配另一方的關係。

自小教育男女角色

《詩經‧小雅‧斯干》中提到：「乃生男子，載寢之床，載衣之裳，載弄之璋。乃生女子，載寢之地，載衣之裼，載弄之瓦。」男孩出生後就讓他睡在床上玩璋（玉石）；女孩出生後讓她睡在地上玩瓦（紡具）。「弄璋之喜」和「弄瓦之喜」就成為傳統中國人恭賀別人生了男孩女孫的賀辭。表面上看這好像反映了男尊女卑的思想，筆者相信《詩經》時代有男尊女卑的看法亦不奇怪，其實古代所有文明都有男尊女卑的思想，只是形式和程度的差別。筆者估計，由於女性 17、18 歲就會出嫁，到男家作媳婦，聽從公公（老爺）、婆婆（奶奶）教誨，尤其是家務方面要聽從婆婆指導，所以娘家將女兒培育得比較謙卑順從，以便日後嫁至夫家可以更易適應，不會與婆婆發生衝突，以免夫家批評娘家沒有家教，使娘家父母、祖宗受辱。但筆者認為男尊女卑並非《詩經》所要表達的重點，否則別人生了女孩應該是不愉快的事情，又為甚麼會恭賀他們？又怎會稱之為「弄瓦之喜」？可見這裏重點更多應是強調兒童自幼已有性別區分的教育。

《禮記‧內則》亦有說到生了男孩就在門左邊掛上「弧」（弓），生了女孩就在門右邊掛上「帨」（佩巾、手帕）。《禮記‧

內則》更有詳細地談兒童性別教育：「子能食食，教以右手。能言，男唯女俞。男鞶革，女鞶絲。六年教之數與方名。七年男女不同席，不共食。八年出入門戶及即席飲食。九年教之數日。」除了自小教小孩用右手在圓桌上吃飯，說話要教導男孩答「唯」（是），女孩答「俞」（是）。男孩錢包以皮革製成，表示長大從事勇武之事；女孩錢包以絲帛製成，表示長大將從事女工。七歲更要嚴格區分性別角色，分別在不同領域受教育，男的在外學習六藝：禮、樂、射、御（駕駛馬車）、書、數。女的在家學習四德。男女的區分明顯是為功能上的區分，而非尊卑的區分。隨着分工之別亦會引伸對男女性情氣質的區別期望，古時直接威脅國家的生死存亡和發展的就是戰爭和生產（狩獵和開墾土地），所以期望男性要有陽剛之氣；而女人則培養陰柔之美，如果女性太強悍，便可能引致家庭不和。這除了反映古人對男女天性氣質的理解，亦有其社會環境使然。不同於現代商業社會強調 EQ（情感智商）、SQ（社交智商），古人更重視的是 MP（Military Power，即武力），對太太溫柔體貼是可以的，但古人不會希望男性對外表現得陰聲細氣；相對地亦期望培養女人陰柔之美，以促進家庭和諧。筆者並非否認傳統中國人有重男輕女、男尊女卑的思想，筆者只是認為這些男尊女卑的思想並非這些儒家典籍的重點。儒家所強調的「男女之別」的重點應該是要強化男女功能和氣質上的區別，但從現代人角度，會認為這樣的區別是過度僵化，限制了兩性的社會角色。

高彥頤（2005：13-17）指出，很多現代人對傳統中國有兩個普遍誤解：

一、以為明清婦女都因纏足致殘,被困於閨閣內。但現實上,女兒一直留在閨閣中只是大眾對她們的印象,實際上,為了培養大家閨秀優雅的氣質,她們偶然會因陪伴丈夫或與其他女性一起旅行遊玩,甚至會結成詩社(婦女社團)一起交流作詩及研讀經典。有些詩社是家居式的,如《紅樓夢》中的海棠詩社;有些是社交式的,與親朋好友交流詩作;有的甚至會出版詩集於公眾。

二、以為女性在家裏的環境與男性外在社會政治環境是分開且互不影響的。就如伊沛霞指出,一般平民女性為生活必須到市集買賣或工作,「嚴格的男女之別只見於深宅大院裏的富人和跑腿當差的僕人中間。因而社會性別差異與階級差別之間存在着緊密的聯繫;或換句話說,上層階級用以表示自己特殊的另一種途徑是把自家的女人藏起來。」(2004:22)事實上,在農村社會窮家女孩,莫說不可能只待在家中,很多男性要做的苦力(耕田、打水、擔抬、撿牛糞等)女性都要做,真可謂「男女平等」!

雖則在家庭以外,即社會政治的領域,女性地位的確較低,但在家庭裏,女兒、妻子、母親的角色往往是家庭聚焦的中心,是社會政治的基石。如高彥頤所言,「內—外」是一連續統一體:「內/外結構並不是相互劃分特有的社會和象徵空間的,而是借着轉換的場域和視角,二者相互界定和構成。如,在清代君主政體眼中,家庭正是公共道德能夠成為範例的特定場所。」(2005:13-17)很多西方哲學家(亞里士多德、霍布斯、洛克、盧梭、黑格爾等)反倒將家庭排除於公民政治活動

之外，在儒家倫理中家庭是政治秩序的基礎，儒家從不視家庭分隔於政治社會之外。孝順、友愛等家庭美德都被視為組成「仁」的重要部分，為公共美德的泉源，君子在公眾場合的德行源自孝順、友愛等家庭美德。

兩性不平等問題還要考慮親屬關係的因素，在家庭中，很多時親屬輩分和角色相比性別是更重要的考慮 ── 相比於不同的輩分所產生的地位不平等（如父母子女），同一輩分之間的男女（兄弟姊妹）其實關係是較平等的。但無可否認，女性在社會政治的領域確實缺乏正式的地位，很多時女性可能是財產的持有者，但卻無法獲得財產的法定權利；他們可能是決策的制定者，卻沒有正式的決策權威；他們甚至可以如帝王般掌握國家權力，但卻無法獲得帝王的尊號（Watson, 1991, 347-8）。可以說，在社會政治的領域，女性都受制於「三從」觀念，即她們的社會地位取決於她們的父親、丈夫和兒子。

由於對孝順的重視，母親在傳統社會中有極高的權威，父母可以決定兒子娶妻，亦可要兒子休去他們不喜歡的媳婦。法律上，父母不單可以家法懲罰不孝子，甚至可以向官狀告兒子違反不孝罪。《烈女傳》和其他婦德女教典籍中保留了大量母親教導兒子的例證，許多步入仕途的官員都將自己的成就歸功於母親的英明教導，孟母更是典型代表，孟母三遷故事人皆知曉，朝廷內母親的權威更表現於太后攝政的制度化，在西漢早期，皇帝廢立和婚姻完全掌握在太后手中，中國歷史中大權在握的太后屢見不鮮，她們攝政的原初目的是為教導和扶持年幼皇帝過渡，但往往她們掌控君主的權力甚至超越了原初教導

和扶持年幼皇帝過渡的目的，如西漢呂后攝取了皇帝掌握的權力，惠帝死後她更成為實際上的女皇、唐朝武則天廢除了自己的兒子，成為中國史上第一位，亦是唯一一位女皇帝、清朝慈禧太后攝政更象徵着太后權力達到頂峰，皇帝牢牢掌握在自己手中直到她去世為止。可見，女性雖然「主內」，但她們在家庭中的地位並不一定低微，女性在歷史中對社會及國家的影響亦不能輕視。

男女之別與現代社會

　　不同於傳統社會，今天是工商業、知識型社會，不少女性不單外出工作，甚至於工商業及專業方面的成就都不遜於男性。事實上由於一般女性於語言能力、人際交往、情感交流都較男性早熟，做事又細心，於學校女性成績一般都比男性高，於服務行業、商業社會也可能比男性更有優勢。再加上香港可以較低廉的薪金聘請外傭處理家務，大大釋放了女性的勞動力，傳統「男主外、女主內」的思想已不再適用，有不少夫婦妻子收入比丈夫還高，現代人亦不必再抱有「男性要比女性更強」的心態；過去一般人認為醫生、工程師等都是男性，護士、家庭主婦等都是女性的社會性別分工的想法，如今都被視為刻板和僵化的性別定型（Gender Stereotype）。

　　隨着近年性別理論（Gender Theory）的發展，大眾開始提倡將社會性別（gender）與生理性別（sex）分開，強調性別平

權，反對一切的性別定型，進而發展出 LGBT（Lesbian, Gay, Bisexual, Transgender）社羣及一系列性別政治運動。[1] 近年，跨性別運動更引來不少爭議。其中一個爭議是性別主觀化，即若你在生理定義是男兒身，但主觀上你認為自己是女性，那不用做變性手術改變生理結構，也可以用女性身分參與社會日常活動中，並且這身分原則上可不停轉變，你這一刻覺得你是女性，下一刻可以覺得是男性。故近年引伸出一些流性人（Gender-fluid），強調性別流動，性別分秒都可在變。另有些所謂「女人」射精、「男人」懷孕、生育、餵哺母乳等事例，最受爭議的是一些反歧視條例，要求容許跨性別人士按他們自認的性別使用措施（如洗手間、更衣室或囚室等）及參與活動（運動比賽）。這些要求導致有些性別男跨女人士使用女廁及女更衣室時使其他女士感到很不安，反之亦然。曾有男跨女人士進入試身室偷拍的案例，亦有保安因曾阻止男跨女人士使用女廁而被控仇恨罪及遭解僱。另亦有男跨女人士以男兒身參加女子田徑和舉重比賽奪得冠軍而被亞軍選手批評不公。事實上，這些跨性別意識不單受保守派批評，亦受到某些女性主義者和一些支持變性和女同性戀團體的批評。最有名的是《哈利波特》作者羅琳（Rowling, 2020；陳婉珊，2020），她批評跨性別意識完全以主觀心理社會性別（gender）取代客觀生理性別（sex）

---

1 其實原先只是 LGB 的，之後加了跨性別才叫 LGBT，並且這組字有不停增加的趨勢，如之後又加了 Q（酷兒，「奇怪」的意思）、I（雙性人）、A（無性戀）、S（同志友善直人）、U（不確定）、P（多角戀）、C（好奇的）等等，原則上可以無限延伸。

是會擾亂男女兩性界線，影響所有人福祉，尤其擔心會對保護兒童及教育有負面影響。在這場性別運動下，向性別診所求助的青少女在過去十年上升了 44 倍，大量少年人未經深思熟慮下走上變性路，社運人士又聲稱「如果不讓跨孩子變性，他們會自殺」，使父母陷於兩難；而一些反對跨性別運動的言論往往會受到打壓，影響言論自由。羅琳自身作為家暴、性侵犯倖存者，她知道一些女性專用的私密空間對保護女性是很重要的，但這些要求卻偏偏受到跨性別運動人士的攻擊。

當然，有不少跨性別人士及性小眾的確對性別選擇充滿掙扎，他們內心的慾望及感覺往往不被主流社會所理解及接納，他們覺得在社會中要壓抑真實的自我感受，非常痛苦。筆者認為在私人的層面，只要不對他人造成太大影響，個人想如何表達自我屬個人自由，其他人應更為寬容和體諒。但在公共層面，所涉及的則不單是個人的考慮。誠然，傳統「男耕女織」、「男主外、女主內」的觀念在現今社會已不再合時，但看來傳統強調「男女之別」在現代社會仍有一定的適切性，尤其涉及婚姻、家庭及一些較私隱的範圍，它所影響的不單只是個人，更影響整個社會的規範和價值。支持性小眾的人常說如果有一天，各人都可以按自己真實的感受和慾望活出真我，視差異為個人特質加以珍視，社會上的痛苦將會減少。但現實上，社會中不同人的慾望不單有所不同，甚至往往彼此矛盾。有人想帶着男兒身以女性身分進入女性的空間，但有人卻希望那些空間是單單留給女性身體的人。有人希望可無拘無束自由地發生性關係，有人卻希望與相愛的人可彼此專一，長相廝守；有人希

望有性無愛、有人希望夫妻生兒育女並一起照顧兒女；有人希望擺脫父母的束縛、有人卻希望父母不要離婚。簡言之，不同的人活於同一社會，一些適當的性別觀念和規範不單有助兒童建立健康的性別認同，亦有助社會兩性間相互尊重和交往。

13 陽尊陰卑是否等同男尊女卑？

西方歧視女性的哲學根源

有說傳統中國的陰陽觀類似於西方希臘思想，即基於男女的生理差距而形成男尊女卑的觀念，但其實這樣理解陰陽觀是將西方的思維套入了中國的思想方法。本章想簡單介紹古希臘的兩性哲學，它影響了傳統西方對兩性的看法。之後再對比中國的陰陽觀發展，探討它如何由原先只強調陰陽互補，發展到之後陽尊陰卑，進而影響傳統中國的兩性規範。

很多人認為柏拉圖是歧視女性的人，其實柏拉圖沒有一些明確貶低女性能力的說話，在他的《斐多篇》（*Phaedo*, 66a-84b）中，我們知道他的哲學很重視靈魂的地位，靈魂是困在身體裏類似神聖的東西，靈魂渴望獲得智慧，認識真理，只有在它擺脫身體的枷鎖、淨化所有與身體相關的情感和感覺，堅持運用理性時才會達到真正的道德理想。柏拉圖的靈魂似乎

是無性別之分的，並且女性是有可能獲得智慧的，但柏拉圖記載蘇格拉底對話錄中，並沒有女性的對話者，並且蘇格拉底臨終前，都只與朋友對話，回避與家裏的女人和孩子們對話，家人情緒爆發哭泣起來，蘇格拉底就抱怨道：「這是在幹甚麼！我為甚麼要把那個女人送走，怕的就是這種騷擾。有人說一個人臨終時應當保持心靈的平和。勇敢些，安靜下來。」（117d，柏拉圖，2002：131）

《希波克拉底醫書》（*Hippocratic Corpus*）是最早詳細書面記載女性身體的文獻，於古典希臘時期成書，書中描述人體充滿了液體（血液、黑膽汁、黃膽汁及黏液），健康身體視乎四液的平衡，當四液失調，某方面液體太多，就會生病。而女性和男性身體之間的一個關鍵區別就是女性有月經，所以女性的肉必須是濕潤的、多孔的、海綿狀的、冷的，而男性的肉則是乾燥、緊實、堅硬、溫暖的。由於女性身體是海綿性，所以女性的身體比男性吸收更多的液體。由於體液過多，子宮會移位，所以女性必須定期流血，月經反映女性身體和性情自然是較不平衡的，亦影響女性的情緒和健康。治療女性體液失衡的方法是與丈夫性交，懷孕生育，讓多餘的體液可以充分排出，才可達致適當的平衡和健康（Mercer, 2018: 188-190）。

受希波克拉底影響，亞里士多德在《動物志》第九卷書中亦表達女性身體寒冷，性格被動，而男性則主動與溫暖，在生育中，女性貢獻不及男性，雖然嬰兒身體來自女性，但靈魂（代表主動）來自男性，而靈魂才是人的實體（*Generation of Animals*, 738b25-28. cited from Mercer, 2018: 192）。亞里士多

德認為女性身體是未完成的男性,他認為男性是人性的終極實現,而女性是未完成的人性因為女性比男性更調皮、更衝動、更富同情心、更容易落淚、更嫉妒、更愛發牢騷、更容易責罵和打擊他人、更容易沮喪、更沒有希望、更沒有羞恥或自尊、更虛假和具欺騙性,所以女性道德判斷上低於男性,應順服男性的管治。

　　醫學上,別迦摩的蓋倫(Galen of Pergamon,約 129-216 年)可能比希波克拉底更具影響力,尤其是在 1500 年之後。受柏拉圖、亞里士多德和希波克拉底影響,他提供了人體解剖學、心理學和醫學實踐的哲學解釋。蓋倫同樣認為女性的身體是不完美的男性身體。他指出男女生殖器官其實很相似:陰莖與陰道唯一的差別是,一個往外,一個往內;同樣地,男性有外在的睪丸,女性就有往內的睪丸(卵巢),女性的陰唇包皮和子宮(內)其實就是男性陰囊(外)。此兩性之間只有「程度」的差異,而不是「範疇」的不同。這差異是由於女性身體較冷,無足夠熱量使生殖器官向外發展;身體愈熱,就愈有男子氣概,所以女性比男性更不完美。Thomas Laqueur(1990)將蓋倫的理論稱之為「單性(One-Sex Model)身體觀」,因為蓋倫的理論根本上否認了兩性的差異,男女都只是一個性別,差異只是在於完美或不完美。而 Christia Mercer(2018: 198-204)認為柏拉圖、亞里士多德、希波克拉底和蓋倫正正是西方歧視女性的哲學根源,他們的思想影響了之後的基督教、中世紀,甚至直到早期的現代歐洲大學,依然主要研讀他們的著作。

儒家哲學中的女性

鑒於溺殺女嬰、童養媳、納妾、纏足、強迫守寡等惡名昭彰的社會行為，普遍認為女性在傳統中國受盡歧視，傳統中國社會存在男尊女卑，女性主義者更認為傳統中國家庭是一種父權制對女性的壓迫，並且在五四時期將之歸咎於儒家思想，並將儒家視之為等同於父權制和厭女症（misogyny）。

但始終，儒家是強調有關「仁」的道德理想，即強調自我修養、愛護他人、與他者感同身受，謀求整體利益，這以德行為基礎的人格標準理論上對男女兩性同樣適用（Rosenlee, 2006: 35, 39）。

在西方，「女性」（Woman）代表生物學上的雌性和傳遞着一種女性的普遍氣質，但在五四運動之前，中國並沒有「女性」一詞（當然亦沒有「男性」）。至20世紀20年代才始將「女性」一詞形容生物特質和女性氣質，而非關係範疇的表達，並於五四運動後得以普及（Rosenlee, 2006: 45）。

傳統上中國表達男女都是以家庭關係和社會角色、義務為主要區分方式，未婚女性稱為「女」或「女子」，已婚的則為「婦女」。古人只會將人稱為男女，禽獸則稱牝牡、雄雌：「聖人有傳：天地也，則曰上下；四時也，則曰陰陽；人情也，則曰男女；禽獸也，則曰牝牡雄雌也。」（《墨子·辭過》）荀子解釋：「夫禽獸有父子而無父子之親，有牝牡而無男女之別。」（《荀子·非相》）從稱謂差別可見，對於古人來說，人禽之別重點在於人的兩性關係是具有家庭道德義務的，是人之為人、與禽

獸區別的重要特性。

羅莎莉（Rosenlee, 2006: 47-48）認為在傳統中國社會，性別並非如西方哲學般基於男女先天生理的差異，亦非基於社會認為的所謂男性、女性特質，而是基於中國家庭宗法制內的角色。《五經》中對女性早期表述完全與家庭相關，對於何謂「女性」都是按照她在家庭中的角色（女兒、妻子、母親等）而理解，而完全與先天生理的差異無關（即生物性或家庭之外的存在）。但筆者認為羅莎莉的說法太誇張。羅莎莉的出發點是出於一種反本質主義（Anti-essentialism），即否定存在着某些先天並且永恆不變的女性氣質以限制了女性發展的可能。筆者同意我們不能抽離於處境，抽象地了解人性，始終我們生於有既定文化和關係的處境中，我們不可能抽離這些文化背景因素來了解自我和社會；筆者亦同意無論男性或女性，都可以有不同發展的可能，並沒有唯一既定的發展方向。但筆者不能同意古人或我們可以完全不理會男女先天生理的差異來了解兩性關係。始終生理差別一定程度上是影響男女的性情和體力的表現。如哲學家柯曼（Brenda Almond）（2006: 10）所說，家庭制有兩個面向，一方面它是社會建制，會隨社會文化而改變，但另一方面它亦是植根於人的生物性，並非隨意界定。故於不同社會有一夫多妻、一妻多夫等制度，但柯曼亦指出這些都只是一些例外情況，大多數的社會家庭制都是以夫妻及子女為基礎的親屬關係。這些主流家庭的形式反映生理性別一定程度上依然影響兩性角色。

陰陽觀與兩性

很多西方學者都將中國的陰陽觀等同於西方的男性／女性氣質，認為陰代表女性溫柔、包容、消極的氣質，而陽代表男性陽剛、管治、積極進取的氣質；而陰陽觀又反映着《易經．繫辭上》中的天道觀：「一陰一陽之謂道，繼之者善也，成之者性也。」陰陽乃天道的反映，陽表現天之恩德，陰表現天之刑殺；陽為主，陰為輔。主張人應當順應天道自然而行事。漸形成陽尊陰卑，男尊女卑的觀念。

但其實陽尊陰卑的觀念是來自漢儒董仲舒《春秋繁露》，先秦儒家的陰陽觀並沒有尊卑的觀念，陰陽原本是強調相互關聯、彼此互補兼容，而非彼此對立、排他的觀念。對古人來說，按《說文解字注》，「陽」是指山的南面因為有充足陽光，故稱為「陽」；「陰」為山的北面，是山的背面，處在陰暗中，故稱為「陰」。故陰陽乃古人觀察大自然所領略到的秩序，如同自然界冷暖氣候更替的循環一般。陰陽是相互關聯的，兩者密不可分，因此，光明與陰暗、溫暖與寒冷之間性質的差異只是相對，是一連續的光譜，並沒有絕對的好／壞、對／錯、二元對立的原則。

老子《道德經》載：「道生一，一生二，二生三，三生萬物。萬物負陰而抱陽，沖氣以為和。」這裏反映老子認為萬物都是由道產生的一種陰陽二氣的變化，藉由陰陽二氣的互補調和而生存和發展。到公元前四世紀，陰陽被劃歸為能夠演化出「四季」和「五變」的天之「六氣」行列，順應和把握六氣對生

命至關重要。《管子・極言》說:「有氣則生,無氣則死,生者以其氣。」《莊子・知北游》說:「人之生,氣之聚也。聚則為生,散則為死。」莊子認為陰陽二氣有如人之父母,應順之而為(《莊子・大宗師》)。而《荀子・禮論》中亦寫到:「天地合而萬物生,陰陽接而變化起。」陰陽乃一互相協調,以至生化萬物的自然力量。在《左傳・昭公元年》就有:「天有六氣……六氣曰陰、陽、風、雨、晦、明也。分為四時,序為五節,過則為災。陰淫寒疾,陽淫熱疾。」意思是說陰、陽之氣過盛(淫)就會致病。

西漢董仲舒在《春秋繁露》指出萬物都由陰陽構成,陰陽貫穿天地一切,並且有尊卑、貴賤之別,陽居於主導地位,而陰於從屬地位:「陽,天之德;陰,天之刑也。陽氣暖而陰氣寒,陽氣予而陰氣奪,陽氣仁而陰氣戾,陽氣寬而陰氣急,陽氣愛而陰氣惡,陽氣生而陰氣殺。是故陽常居實位而行於盛,陰常居空虛而行於末。」又言:「惡之屬盡為陰,善之屬盡為陽。」(《春秋繁露・陽尊陰卑》)在對陰陽的屬性做出善惡二元對立、陽尊陰卑的設定後,董仲舒把這「陽尊陰卑」的觀念應用於社會政治和家庭生活,並宣稱:「君臣父子夫婦之義,皆取諸陰陽之道。君為陽,臣為陰;父為陽,子為陰;夫為陽,妻為陰。」(《春秋繁露・基義》)陽尊陰卑作為宇宙秩序、「天意」的體現,絕對不可改變。所以「丈夫雖賤皆為陽,婦人雖貴皆為陰」(《春秋繁露・陽尊陰卑》),以及「陽貴而陰賤,天之制也」(《春秋繁露・天辨在人》)。

另一漢儒重要典籍,即班固所寫的《白虎通》亦引述《易

經》，以夫婦結婚解釋為陰陽的結合：「人道所以有嫁娶何？以為情性之大，莫若男女。男女之交，人情之始，莫若夫婦。《易》曰：『天地氤氳，萬物化淳。男女稱（構）精，萬物化生。』人承天地施陰陽，故設嫁娶之禮者，重人倫、廣繼嗣也。」（《白虎通·嫁娶》）

其實將陰陽觀固化為一種終極二元觀念，主要是受到公元前二至三世紀，陰陽家鄒衍的陰陽五行學說所影響。「五行」即金、木、水、火、土，「五行」的概念最早見於《尚書》，原本是指五種基本元素及其特性。到了戰國時代，「陰陽」和「五行」漸漸合流，形成一種新的理論，鄒衍將「五行」觀寫為「五德終始」說，並以此來解釋宇宙演化和歷史興衰，以五行相生相克、循環運轉論證新政權取代舊政權或朝代更迭的合理性。鄒衍把每一個朝代都賦予一種德，一切制度都與一種德相應，朝代的更替按次序為水勝火、火勝金、金勝木、木勝土、土勝水，五德周而復始，歷史就如此推演下去。鄒衍的陰陽五行學說受到秦始皇重視，因為他聲稱秦朝屬於水德，水勝火，所以水德的秦朝取代火德的周朝也就是很合理的事。而在「五德終始」論中，水又與黑色、酷刑有關，故秦始皇以黑色代表皇室，並且採用嚴苛的法律和酷刑。到了漢朝，為證明漢朝勝過秦朝和漢朝的合法性，董仲舒在《春秋繁露·陽尊陰卑》設定「陽」為美德和仁慈的統治、「陰」為刑罰和死亡：「陽，天之德；陰，天之刑也。陽氣暖而陰氣寒，陽氣予而陰氣奪，陽氣仁而陰氣戾，陽氣寬而陰氣急，陽氣愛而陰氣惡，陽氣生而陰氣殺。是故陽常居實位而行於盛，陰常居空虛而行於末。」可見陽尊陰

卑的設定實為出於政治的操作，而非原於先秦的儒家思想，更不見於孔孟的儒家著作中。陰陽五行學說，以迷信神秘的色彩宣揚皇權天授，正正迎合了當時君主統治的慾望。董仲舒陽尊陰卑的提出，對於政治生活中的君尊臣卑，社會生活中的男尊女卑，家庭生活中的夫尊婦卑等倫理政治規範的形成，起了理論奠基的作用。

但要值得留意的是，雖然漢儒引入了陽尊陰卑的觀念，但陰陽之間依然是一種相互從屬、互補的關係，而非彼此對抗、彼此否定的觀念；沒有一方可以取代另一方的。故此董仲舒說：「獨陰不生，獨陽不生，陰陽與天地參然後生。」（《春秋繁露 · 順命》）並且，陰陽觀念雖適用於性別，但它並非完全與性別等同，即陰不一定是女，陽不一定是男；無論男性或女性都可以因自身的角色和地位同時兼具陰與陽的特質。「君為陽，臣為陰；父為陽，子為陰；夫為陽，妻為陰。」一個男性可以同時是陰（為臣）和同時為陽（為父），可見陰陽觀為一相對和互補關係，而非一既定固有的性別特質。

14 女子無才便是德？
—— 談傳統中國女子教育

　　當談到傳統中國女子教育，一般人都會想到「女子無才便是德」的口號，順從、受壓迫、缺乏教育等都是一般人對傳統中國女性的印象，這印象並非完全錯誤，尤其在農村社會，家境貧困，男性受教育機會都很有限，很多女性更無機會受教育。但現實上若非真的很貧困，能力許可下，其實傳統中國家庭都鼓勵女性讀書識字，否則又怎會有《女四書》的出現？宋元時期由於印刷術及科舉制的發展，普遍家庭甚至認為若母親能精通儒家經典，對兒子的啟蒙、教育，甚至科考成功有幫助（駱芬美，2010）。而「孟母三遷」和「孟母斷織」等家喻戶曉的故事，正正反映傳統中國人認為母親有學識對子女的教化有重要影響。以下會簡介《列女傳》及《女四書》（即《女誡》、《內訓》、《女論語》、《女範捷錄》）的內容，以了解傳統中國女子教育的情況。

　　《列女傳》，是一部介紹中國古代婦女德行的傳記集，共分七卷，共記敘了 105 名婦女的故事，這七卷是：〈母儀傳〉、〈賢

明傳〉、〈仁智傳〉、〈貞順傳〉、〈節義傳〉、〈辯通傳〉和〈孽嬖傳〉。這些貞潔烈婦的傳記組成了漢朝歷史的一部分,顯示出早期女性的另一番景象。這些傳記包括道德高尚的母親教導子女有關國家政治和得體的禮儀,或者勇敢的女子為大是大非敢於駁斥他們的長輩,又或者表彰才華橫溢、善於辯論的女性,在這些早期文學中,女性被表述為智慧和美德代表,並且打破了我們今天對女性總是「三步不出閨門」的誤解。

其實一定程度上,劉向所著之《列女傳》亦是為教導女性如何在虎狼環伺的環境中生存。在西漢末年,漢成帝情迷趙飛燕姊妹,以致兩姐妹頻頻涉政,後宮勢力日盛,宮廷動盪多有外戚影子。劉向看在眼裏,寫了《列女傳》,教女性如何安分守紀,集古今賢婦傳紀,旨在為後宮女子樹立榜樣,以糾正後宮干涉朝政的弊端。

《列女傳》的創作目的是要勸誡漢成帝,使其意識到管理後宮的重要性,她們的德行關乎國家天下的安危。劉向認為「王教由內及外,自近者始」,因此寫此書以勸諫皇帝、嬪妃及外戚。《列女傳》頌揚女性多種美德:母儀、賢明、仁智、貞順、節義、辯通等。其中,〈母儀傳・鄒孟子母〉就記載了四個孟母和孟子的故事,其中包括大家耳熟能詳的「孟母三遷」和「孟母斷織」的故事。除母儀外,其他美德並不一定是專指「女性」的美德(如溫柔、貞順),舉例說,賢明、仁智就經常出現於其他古代典籍以描述君子的美德。尤其是〈辯通〉一章,女性總是以活潑的形象出現,通過富有成效的辯論使自己和家人化險為夷。又如〈晉弓工妻〉的故事,講述春秋時期晉國一

位弓匠的妻子，丈夫因接受晉平公交給的造弓任務，耗時三年結果只造了一把無用的弓，平公試射卻連鎧甲的一層葉片都不能射穿，使晉平公大怒欲要殺之。弓匠妻子聽說後，主動請見平公，述說以前的三位明君，以仁德著於天下，終於得到了他們所赦免的人的報答，美名傳於後世。現在他丈夫給用上好的材料為王做弓，也夠勞苦的了，並指出是平公開弓技術不佳，但反倒要殺她丈夫，這豈不太糊塗了嗎？她進一步指示平公箭術，結果平公射穿了鎧甲的七層。弓匠立刻得到了釋放，弓匠妻子不但救了丈夫，還得到了賜金。

〈楚野辨女〉講述春秋時期，一平民昭氏妻子的馬車與鄭國大夫的馬車在窄路上相撞，撞斷了大夫的車輪，大夫憤怒地想拿鞭子鞭打婦人，婦人不單沒有畏縮，並解釋說：大家在窄路相逢，她已盡力避讓，車夫卻不肯稍微退讓導致車輪撞斷，大夫沒有指責車夫，反倒遷怒於她！《尚書・周書》上說：「毋侮鰥寡，而畏高明。」大夫縱容了車夫輕視婦人而想鞭打她，豈不就是欺侮鰥寡？失去善良的品行？大夫頓感漸愧無言以對。這故事讚揚婦女沒有屈從於自己卑微的社會地位，反倒據理力爭使自己脫險，這些故事表達的美德不是盲目服從，反而是高舉女性按先賢的教導機智辯論。Rosenlee（2006: 97）認為這反映出兩點：一、在早期中國的儒家倫理中，女性亦可作為美德代表人物；二、之後的明清時期，女性美德往往表現為母性、節婦守寡等特徵是歷史發展過程的問題，應以歷史背景去考究，不應簡單歸咎於儒家思想。

雖然早期有關女性著作亦會強調女性聰慧等美德，但到

了明清時期，女性傳記逐漸轉變為強調家族美德、對婚姻忠誠、寡婦守節和母性等。例如明朝一模仿《烈女傳》而作的《閨範》，它的編目就是以女兒、妻子、母親、節婦等家庭角色而編，不停強調孝順和貞節的美德，在明清時期，德行的女性被理解為孝順的女兒、忠貞的妻子和自我犧牲的寡母。Rosenlee（2006: 101-102）指出，明朝特別重視孝順和忠貞很可能與當時政治環境有關，明朝末年是混亂時期，漢人領土不斷遭受滿族踐踏，男性對於大明王朝的忠誠變得尤為重要。傳統中國就一向將妻子忠貞與官員忠君愛國作類比，例如《史記》中記載「士為知己者死，女為悅己者容」（〈刺客列傳〉）和「家貧思賢妻，國亂思良相」（〈魏世家〉），透過強調妻子在家內對丈夫的忠貞，帶出官員應對君主忠誠。另一方面明清時期商業發達以致插圖印刷品增多，可能亦提升了讀者閱讀的興趣，一些割肉養親、自殘寡婦、自我犧牲孝順女的插圖往往帶來一些戲劇性的效果，其形象呈現的效果比賢母說教或聰敏女子反駁皇上的插圖更戲劇性和更觸目。

《女四書》

若然儒家的《四書》是從「外在」領域教導男性的權威著作，《女誡》、《內訓》、《女論語》、《女範捷錄》四部合稱為《女四書》的著作則可謂女性所支配的「內在」領域的權威，更被視之為可與《四書》相提並論，反映了「內」、「外」領域的平

等地位。這些著作不僅是為女性而創作，而且都是由女性所著述。雖然在傳統中國一般女性都受制於「女主內」的家庭範圍所居限，但作者的女性身分卻「弔詭」地賦予這些著作作者權威的角色。

《女四書》是中國古代女性的教育教材，自東漢至明末，先後相繼問世和傳播。明天啟四年（1624），王相加以箋注合編為《閨閣女四書集注》；嗣後翻印此書，簡稱為《女四書》，廣泛流傳，成為一套對女子進行封建教育的教材。《女誡》為東漢女史學家班昭對其女兒進行道德教育所作，可謂《女四書》中最重要一本。全書分〈卑弱〉、〈夫婦〉、〈敬順〉、〈婦行〉、〈專心〉、〈曲從〉和〈叔妹〉，總計七篇。

班昭是漢朝史學家班彪之女、班固與班超之妹，為人博學多才。她 14 歲嫁給同郡曹世叔為妻，但因丈夫早逝而守寡，之後專注於寡婦禮儀的恰當性。哥哥班固死後漢和帝委任班昭繼續完成《漢書》，她亦是鄧太后的良師益友，在鄧太后廿一年的攝政生涯中給予悉心指導，也是諸多官方歷史學家的指導者，她因學識淵博，使男性女性都對她十分尊重。她在政治的影響力更超越當時絕大多數的男性，但她的著作卻教導女性在家內服侍他人要表現卑弱，夫妻間一方強調陽尊陰卑（丈夫主導，妻子順從），另一方面亦強調陽尊之間互補關係，夫妻間相互尊重，強調女性的尊循四德，孝順公婆，處理好叔伯姑嫂間的關係，避免家庭不必要的衝突。其實憑班昭的身分，為甚麼她不教導女性作自強不息女強人？正如劉佳、周晶晶（2016：41-46）所言，我們必須考慮《女誡》出現的時代背景，

班昭生活於東漢，是外戚專權、幼主失政的時代，皇帝都被皇后或太后的家族所控制，宮廷鬥爭激烈，竇太后、鄧太后、閻太后等女性們都先後掌權，但又先後失勢。而班昭的哥哥班固雖然才藝洋溢，但在政治鬥爭中卻因站錯邊而招致殺身之禍，男性尚且如此，女性又該如何在這紛亂的鬥爭中自保呢？而班昭姑姑班婕妤的故事給了她很多啟發，班婕妤是漢成帝寵幸的後宮妃子，才貌雙全，但她卻對生活顯示出一副超然姿態：得寵時不爭寵，不干預政事，行事端莊；失寵後又能急流勇退，明哲保身，心如止水。在險惡的宮廷鬥爭中「她始終保持一枝獨秀，像一朵金黃的菊花，靜靜地開在深宮別院的汙濁裏」。可見，班昭著書是要教宮內女性如何在宮廷鬥爭的環境中生存。所以從歷史處境看，與其說《女誡》是為要宣揚男尊女卑的封建禮教，灌輸歧視和壓迫婦女的觀念，倒不如說是教導婦女在兇險的環境中的生存法則。

儘管它教導女性溫柔、順從等合乎女性得體的美德，《女誡》仍然是中國歷史中現存最早明確提倡女性應該具備讀寫能力的典籍。事實上，班昭本身的家族背景無論男女都是博學多才之士。並且倡導夫妻之間應該平等，男女都當受教育：「但教男而不教女，不亦蔽於彼此之數乎？（豈不也遮蔽彼此的禮數嗎）」班昭引述《禮記》重視夫妻關係，將陰陽之間的平等和互補擴展為男女在教育上的平等，以此突破《禮記》單單側重於男性教育界限。

至於《女論語》，是唐代貞元年間宋若莘、宋若昭姐妹所撰的一部女子訓誡書籍。本書以口語式簡明的創作風格和易懂

的指導方式表達，但又將之與儒家權威經典《論語》相提並論，因而受到當時一些文人批評。但這簡明的風氣正正適合於當時大多數教育程度不高的女性，因而得以廣泛流傳。宋若昭視年輕寡婦但又才華洋溢的班昭為偶像，激發她決心過一種獨身式的文人生活，宋若昭與四姊妹先後被皇帝召入宮中，並冊封為妃嬪，但她拒絕了皇上的冊封，且終生未嫁，她的決心得到皇上的欣賞尊重，並委任她負責後宮的文學事宜，指定她隨朝廷男性的文官一同承擔教育皇子和公主的責任。儘管她依然教導貞靜、端莊、勤勵、節儉、相夫教子、服侍公婆等家庭美德，但她於政治的影響和決心過獨身的文人生活卻又打破了「女主內」的傳統觀念，隨着女性典籍普及化、流通量上升，又引發起有關女性才德兼容的爭論。

雖然「女子無才便是德」在明朝社會廣泛流傳，但明成祖的徐皇后卻親自撰寫《內訓》為教育宮中婦女，她借鑒傳統權威典籍如《史記》、《尚書》、《禮記》和《易經》，採輯「古聖先賢」關於女子品德的教誨，共有〈德行〉、〈修身〉、〈慎言〉、〈謹行〉、〈勤勵〉、〈節儉〉、〈警戒〉、〈積善〉、〈遷善〉、〈崇聖訓〉、〈景賢範〉、〈事父母〉、〈事君〉、〈事舅姑〉、〈奉祭祀〉、〈母儀〉、〈睦親〉、〈慈幼〉、〈逮下〉、〈待外戚〉等 20 章，這亦顯示了她的學識和才華。並且，因此書主要教育宮中婦女，所以除了教女性美德和操持家務外，亦教導朝廷政策和管理。由於徐皇后自身受益於婆婆（明朝馬皇后）的教導，所以她亦主張女性要受教育並具備讀寫能力。

《女範捷錄》為明末儒學者王相的寡母劉氏所作。此書分

有〈統論〉、〈後德〉、〈母儀〉、〈孝行〉、〈貞烈〉、〈忠義〉、〈慈愛〉、〈秉禮〉、〈智慧〉、〈勤儉〉、〈才德〉11篇。一般都只認為這書宣揚傳統的「貞婦烈女」與「賢妻良母」等事跡，忽略了它在最後〈才德〉花了整章宣揚女性要才德兼容。劉氏強調對子女的教育和德行培育，並且駁斥「女子無才便是德」的講法：

> 男子有才便是德，斯言猶可；女子無才便是德，此語殊非。蓋不知才德之經，與邪正之辨也。夫德以達才，才以成德。故女子之有德者固不必有才，而有才者必貴乎有德。德本而才末，固理之宜然，若夫為不善，非才之罪也。（《女範捷錄・才德篇》）

劉氏以「德本而才末」解釋教育的重要，雖然是以德為本，但同時強調「才」「德」是相輔相成的，雖然有德不一定有才，但是沒有才的往往容易忽略禮儀，因而德才全無。而有足夠的「才」絕對有助培養相對的德性（楊雅琪，2011：121）。她引述歷史中不少著名女性（如班昭、宋若昭姐妹、徐皇后等）都是才德兼備，為女性典範，而且她們的影響力不單停留在家內（後宮），而是擴展到朝廷，而兒女最先亦是在家受母親的教育，這不單反映家庭為國家發展的基礎，亦推論女性教育在傳統社會的重要性。明清時期更有學者總結了母親職責與社會秩序間的必然關係，指出「亂臣賊子成於天，而產於婦人」。因而力勸女性拋棄縱慾的習慣，並培養美德以成為好兒子的培養者（高彥頤，2005：169）。

如高彥頤（2005：57-58）所說，儒家於女性教育上有一定的矛盾和靈活性。字面上，儒家告誡閱讀並非女性的職責，甚至有「女子無才便是德」的講法，但實際上就有專門給女性的《女四書》，甚至乎歷史上，極為博學的女性不但精通這等女誡著作，而且也精通其他儒家經典、史書，而在明末清初巨大的社會經濟、印刷術發達和文化變遷在江南（當時最為城市化地區）促進了繁榮的「才女文化」，當時女性不單會閱讀《女四書》、其他儒家典籍和歷史，甚至會閱讀戲劇、小說和詩集等，甚至設有女性詩社，而當時的男性又恰恰迷戀女性所寫的書，甚至為她們的寫作出版。可見現實女性與儒家於傳統中國的關係是比我們過去所了解的更為複雜，男女之界限亦比傳統所理解的「男主外、女主內」更為含糊和富彈性。

事實上，明清的才女不單會閱讀和寫作，何宇軒（2018：54-55、220-221）的研究指出她們作為母親、妻子、姑、姨、姊妹等多重身分，對男性親屬提出種種意見，勸勉他們培養男性人格。作為母親往往用心教導兒子，要他們謹記作為男性當關注的事，並且傳遞「有關家族傳承的歷史責任和立身處世的價值觀」、「不斷勸誡為兒子如何達到『男兒』和『大丈夫』的品格要求」；作為妻子，亦有關於丈夫的男性尊嚴、責任和榮譽的論述，她們會與丈夫互相協助，「如丈夫的性格及品行有所不足，妻子加以勸勉，助丈夫一臂之力，以期協助丈夫達到男性性別期許等等」，藉以維繫家庭運作和發展。可見明清時期的女性並非只是「順服」丈夫，她們與丈夫互相協作和遷就，積極地參與，與男性一起建構「男子氣概」的歷史脈絡。

15 「烈女」有多烈？
—— 婦女在歷史中面對貞節的兩難和掙扎

　　若說到某人很「烈」，現代人很多時都會想到猛烈、激烈、轟烈，那烈女是否指性情猛烈，將丈夫打到頭崩額裂的女子？非也，其實「烈」亦可有高貴品格、為正義而死的意思。那傳統烈女是為甚麼而死？其實是為貞節而死。（其實都很轟烈呀！）

　　自周代禮制，社會對女性開始有「貞」的要求，貞是指堅定不移，專一的意思。婚姻當然會要求貞，除非是現代性解放主張開放婚姻（open marriage），夫妻可自由與其他人隨意交合，否則一般的婚姻都是要求雙方忠誠和專一。「節」是指氣節，即面對困難仍堅持原則。漢代時鄭玄把周禮中的婦德解釋為貞順，要求女子嚴守一夫制，為丈夫生兒育女，不能為其他人生子。若妻子與其他男人發生性關係而得異姓子，則有礙傳承血統，對整個家族的發展不利，故該女子此後上不能祭祀祖先，下不能傳宗接代。

先秦時期，「貞」未有夫死不嫁的觀念，亦未有反對女子離婚改嫁。簡單來說，昔日的貞只是指遵守禮節，或是指反對婚前性行為、婚後不能有婚外情，但若丈夫逝世而改嫁則沒有問題，周朝至漢朝時期離婚再嫁亦是常見的平常事。春秋時期，孔子的兒子伯魚離世，媳婦改嫁到衛國，孔子亦都沒有任何反對或批評，孔子一心復興禮樂，若是違背禮教的行為他一定會批評。到秦國統一天下後，朝廷為要樹立男女有別，謹守貞節的榜樣，而開始表彰寡婦為亡夫守貞節的行為。《禮記》中很多的禮儀在先秦時期已有，但在漢朝才修定成書的，《禮記‧郊特牲》對貞婦的要求是：

> 壹與之齊，終身不改，故夫死不嫁。

西漢劉向的《列女傳》中表彰從一而終的寡婦，原來並不是要強調貞烈；「列女」原本是「諸女」意思，意指描寫一眾有美德的婦女，但後來慢慢發展為對節烈的表彰，特別強調夫死不嫁，即使生活困難仍忠貞於丈夫的婦女，有的甚至因守貞而犧牲生命，「列女」漸變為「烈女」，指為大義而輕生的女性。

《列女傳》中記載，漢代有些女子為了遵行夫死不嫁，甚至有自行斷髮，毀容的情況。如東漢劉長卿早逝，所留下的兒子亦夭折，他的妻子桓氏擔心父母會迫她再嫁，不肯回娘家，並割耳毀容，以表示堅決不再嫁人；東漢的荀采 17 歲時嫁給陰瑜，19 歲生下女兒後丈夫逝世，及後采父荀爽騙她回家，意圖強行把她再嫁，她誓死不從，自縊身亡。（的確很轟烈！）

而班固的妹妹班昭所撰寫的《女誡》，則把貞節提到理論的高度，以天道、陰陽解釋夫有再娶，但妻沒有再嫁的道理。傳統中國陰代表被動，很多時代表女性，陰亦指地下；陽是指主動，亦指太陽，比喻丈夫。天是籠罩一切，所以丈夫可以再娶，但妻在下，沒有地位，所以不能改嫁。

　　筆者對陰陽觀亦有少許反省，傳統中國基於觀察大自然的秩序，陰陽觀不是全無道理，一陰一陽，一剛一柔，主動與被動，很多關係都是這樣衍生，但陰陽觀不一定要涉及階級觀念，支持陰陽觀不一定要支持陽尊陰卑。舉例：中國的太極都強調以柔制剛，柔不一定比剛差，而是兩種不同的形式彼此配搭，而毋須指出丈夫屬陽地位較高，妻屬陰地位較低的階級觀念（有關陰陽觀進一步討論可參本書第十三章）。撇開階級觀念後，陰陽觀念其實仍有參考價值，最起碼今天的中醫仍然是基於陰陽五行的理論行醫。

　　另外，歷史學家呂思勉考究《禮記》中「壹與之齊，終身不改」是指不以妻為妾，而非夫死不嫁，他認為夫死不嫁是否出於《禮記》尚有爭議，他引用《白虎通德論》時發現並沒有「故夫死不嫁」，鄭玄亦沒有提及，所以懷疑「夫死不嫁」是由後人所加。無論如何，「夫死不嫁」的貞節觀自秦漢至宋朝的確並不盛行，上至皇親國戚，下至黎民百姓，女子對貞節看得比較淡薄，改嫁現象還是比較普遍，寡婦再嫁亦不會被批評為不合禮教。尤其如魏晉南北朝的戰亂時期，很多男性死於戰亂，國力衰退，為了繁殖人口以保國力，皇帝甚至下行政命令強迫寡婦再嫁生育，甚至直至上世紀，在丈夫死後改嫁仍然是很普遍

的事。所以，鼓吹守貞節與否關鍵仍在於時代環境所需。

至宋朝，受到程朱理學「存天理，滅人慾」的影響，把貞節觀推至極端，反對女性再嫁。程朱即是指程頤、朱熹，朱熹主要引用程頤《近思錄・卷六・家道》：

有人問程頤：「或有孤孀貧窮無託者，可再嫁否？」

程頤回答：「只是後世怕寒餓死，故有是說。然餓死事極小，失節事極大。」

自此以後，「餓死事小，失節事大」變成口號。雖然宋朝有「餓死事小，失節事大」的主張，但都不是普遍遵行，甚至程頤亦未對父親幫甥女再嫁予以反對，被批評為雙重標準。而朱熹亦只好為程頤辯護：「大綱恁地，但人亦有不能盡者。」（《朱子語類》卷九十六）；即「夫死不嫁」只是極高理想，亦非人人做到。

確實，宋代官府會以筆墨讚揚不再嫁的寡婦，朝廷更旌表那些年輕時就守寡的節婦，送給她們穀物，或免除稅役負擔。但事實上，當時社會讚揚節婦並非完全無理的。史學家伊沛霞（Patricia Ebrey）在《內闈：宋代的婚姻和婦女生活》（*The Inner Quarters: Marriage and the Lives of Chinese Women in the Sung Period*）（2004：173-174）記錄了宋朝兩位寡婦的故事，有一寡婦度氏為了養活孩子們，典當並賣掉了嫁妝裏的一切，但仍不願再嫁，因她認為離孩子而去是對夫家不忠。官府為了表彰她的行為，於是每月向她提供一些銀兩，支持她養育孩子。另有一位 26 歲成為寡婦的蔣氏，她帶着五個幼童，雖然她的生母希望她可再嫁，公婆也不反對，但是她因擔心小孩將

來的生活而拒絕，後來更全身心投入管理家庭，使夫家愈來愈富裕。這些節婦沒有因先夫離世而離開夫家，甚至願意留下辛勤地照顧公婆並養育孩子，這種為夫家自我犧牲的獻身精神，實是令人動容。而實質上不少婦女守節亦是因為子女，如劉佳、周晶晶（2016：147）說：「女人選擇守寡多是為子女不得不為，她們擔心改嫁會讓自己的兒子失去尊嚴，失去財產，失去機會。因此她們犧牲一生，照顧兒子的成長，輔佐兒子的事業與家庭。」又如伊沛霞（2004：176）所說：「對女人來說，再婚意味着放棄已經加入的家庭。性質與丟棄父母的兒子相同。」很多現代人批評貞節觀為父權制對女性的壓迫，但回顧歷史處境，當時朝廷及社會大眾讚揚這些節婦實在是非常合理，原意並非存心「設局」為要壓迫女性。

餓死事小，失節事大？

至明朝初期，由於百廢待興，明太祖朱元璋視正人心、厚風俗、敦教化為急務，大力推動儒家齊家治國觀，並於崇尚節義上大作文章，明清時代程朱理學的貞節觀變成天經地義。根據《明史》記載，孫姓義婦與兒媳一同喪夫，二人相依為命，十分孤苦，有人問為何二人不改嫁？這問題其實亦反映着當代的人認為改嫁是正常不過的事，只是二人回答：「餓死事小，失節事大。」（《明史・列傳第一百八十九・列女一》）。其實明代沒有法例禁止女性改嫁，改嫁並不犯法，但有法例鼓勵貞

婦，使守節成為一時風尚。統治者對於 30 歲前喪夫的節婦，如直至 50 歲仍沒有改嫁便給予表揚，加以旌表門閭，賜予貞節牌坊。不單受旌表者感到光榮，整個家族都會沾光。可以想象，昔日在貧窮的農村，如得到皇上親筆提寫的「貞節牌坊」掛在大門楣上，這是何等的光榮！此外，還可以賦役除免，即不用交稅，子女亦不用行軍打仗，可以說婦女守節與否關乎整個家族利益，因此守貞、殉夫的婦人急遽上升；有些村落更是十分誇張，村內排着一列一列的貞節牌坊。在此時代背景下，對婦女改嫁構成相當壓力，甚至令婦女視守貞為正常表現，當所有寡婦都守貞，不守貞者便被視為不正常，受社會輿論批評。最極端的情況是有寡婦希望改嫁，但其夫家為了家族利益而不讓她改嫁，因為對夫家來說改嫁不單少了媳婦，更會失去關乎家族利益榮耀的貞節牌坊，故甚有可能會迫她殉夫，以換取貞節牌坊。按董家遵（1979：112）的統計分析，宋朝之前的節婦只得 92 人，烈女為 90 人，但在明清節婦卻有 36,623 人，烈女有 11,529 人，升幅驚人。[1]

	周至唐	宋元	明清
節婦人數	92	511	36,623
烈女人數	90	505	11,529

＊資料整理自董家遵（1979：112）。

1　其實明清前文字記錄有限，相信很多是沒有被記錄的，尤其宋朝之前文字記載並不發達，所以數字並不完全可靠，但依然可作一參考。

難怪，宋儒「餓死事小，失節事大」的主張受到後人嚴厲批評。舉例康有為在《大同書》中就批評宋儒貞節觀為害人、逆天（絕女子生育）、損公（減人口）、傷和（增愁苦），極為殘酷不仁。而胡適（1998：505）亦強烈地批判嚴苛貞操的傳統，有的要求替未婚夫守節和殉烈是極不人道，單方面要求女子守節亦違反男女平等：「中國的男子要他們的妻子替他們守貞守節，他們自己卻公然嫖妓、納妾、『吊膀子』。再嫁的婦人在社會上幾乎沒有社交的資格；再婚的男子，多妻的男子，卻一毫不損失他們的身分。這不是最不平等的事嗎？」當然，胡適並非主張性解放：「我不是說，因為男子嫖妓，女子便該偷漢……我說的是，男子嫖妓，與婦人偷漢，犯的是同等的罪惡。」其實胡適並非完全否定貞節觀，他認為守節最正當的理由是夫婦間的愛情深厚，不願割斷情義，再加上一些宗教迷信，以為死後可以夫婦團圓，所以他並不反對寡婦因與丈夫的感情、或為兒女緣故而自願守貞，但若夫妻無感情、或沒有兒女，而家庭貧苦不能度日，就應勸她改嫁，對於未嫁而夫死的女子更沒有守貞的理由。

　　胡適（1998：505）認為貞操是雙方的相互態度問題：「因為貞操不是個人的事，乃是人對人的事；不是一方面的事，乃是雙方面的事。女子尊重男子的愛情，心思專一，不肯再愛別人，這就是貞操。貞操是一個『人』對另一個『人』的一種態度。因為如此，男子對於女子，也該有同等的態度。」這並非基於西方思想，只是基於孔子所說：「己所不欲，勿施於人。」貞操是夫婦間的感情問題，不應以法律去褒貶，否則必造成許多沽

名釣譽、虛假的貞操舉動，褒揚烈婦烈女殺身殉夫更是野蠻殘忍的法律，不應存在（胡適 1998：510）。

有學者嘗試為程頤、朱熹辯護，如吳鉤（2015）及清代汪紱（1692-1759）都認為宋儒的主張只是要求修道的君子，強調士大夫的氣節，並非要求一般庶民。但這主張假設儒家修身的要求只適用於某些士大夫階層，並不普及到平民百姓，對此，筆者並不認同儒家只屬於某階級的哲學。陳榮捷（1988）認為男尊女卑早已出現，宋儒亦會受時代限制，他們只是提出大原則，實際情況會作權衡考慮，以現代標準去批評宋儒並不合理，但這涉及儒家倫理是否文化相對的問題。筆者不能在此詳細討論，筆者相信程朱當初提倡「失節事大」時並未預計到至明清時期會出現這等不人道的舉動，基於仁政思想，筆者甚至相信程朱會反對明清時期這些對貞節觀野蠻殘忍的做法；但筆者亦認為「餓死事小，失節事大」的講法太嚴苛、太誇張了！正如劉昌元（2000：129）說，雖然沒有思想家可完全擺脫時代限制，但並不代表他的主張就是合理，事實上，好的哲學家正應該擺脫時代的限制，走在時代前面，為時代先覺者。

另一方面，貞節觀出現極端情況與傳統政治常將忠君、子孝、婦順相提並論有關。明清時期《女範捷錄‧貞烈篇》就引用司馬遷《史記‧田單列傳》：「忠臣不事二君，貞女不更二夫。」並說：「故一與之醮，終身不移。男可重婚，女無再造。」可以說因着時間及政治介入導致宋儒思想的本意及影響被誇大、扭曲，這亦是程朱所始料不及，將問題全都歸咎於程朱思想家亦未必公允。

但話說回頭，明清時期亦有不少相反情況，如婦女想守貞，但卻被親戚強迫改嫁。明清時期守貞者有些是富有人家，她們守貞便能繼承丈夫財產，保障晚年生活，但這樣便自然容易招來男方家人質疑、不滿。由於亡夫財產是屬於男家，寡婦改嫁不能帶走家產，親戚們為侵吞財產，便會千方百計慫恿寡婦「失節」，有些親戚甚至想辦法將寡婦賣到其他家再嫁。所以劉佳、周晶晶（2016：140-141）說：「明清寡婦們的處境是兩難的，沒有男人的保護，日子不好過，但是要是再找個男人，代價又很大（失去亡夫財產和子女，再嫁亦可能所嫁非人）。特別是對於自耕農和小康之家的寡婦來說，失去了丈夫的保護，猶如俎上之肉任人宰割。一大幫人虎視眈眈盯着她們，隨時挑出她們的錯誤和不端行為，自己好名正言順地瓜分她們的財產。搞得寡婦們不敢開朗地說笑，不敢穿『時髦』點的衣服，生怕被人抓住『把柄』踢出家門……不論是改嫁還是守節，對女人來說各有利弊。守節有困難，改嫁也有風險。」畢竟，若亡夫留有些家財，便足可保障生活，年老後又有兒子可以依靠，「於是很多寡婦在經過深思熟慮後決定守節。守節其實和道德無關，更多的是幾分理性幾分無奈」。對此，筆者認為守節與否固有利益考慮，但亦不一定與道德情感無關。如潘光旦所說：「寡婦鰥夫，或追懷舊時情愛，或於夫婦情愛之外，更顧慮到子女的少所依恃，因而不再婚嫁的……都可以叫做貞。」（潘乃穆、潘乃和，2000：620）

　　很多現代人認為立貞節牌坊是宣傳對封建君主的愚忠，強化男尊女卑思想，歧視摧殘女性，但正如上文討論，一些貞婦

為照顧夫家老幼而放棄再娶，其犧牲實令人動容，當時朝廷、社會稱讚貞婦並非不合理。筆者認為造成婦女被迫守節甚至殉夫的重要原因之一是因大眾沒有要區別清楚「基本義務」（basic duty）和「超義務」（supererogation）的分別。首先，筆者認為為守節而殉夫是絕對愚蠢的行為，不應被歌頌。另外，當丈夫過世時，二人沒有小孩、或孩子已長大、又或得到其他適當安排，婦人則沒有基本義務為夫家終身守節。筆者亦曾向父親了解昔日農村家庭是否真的夫死不嫁，父親表示主要視乎有否下一代，如已有下一代便較少會再嫁，因再嫁便需離開子女，為了下一代着想，故甚少會改嫁。但如沒有下一代，改嫁實則是很普遍的。因此，若有婦人願意留在夫家守節，照顧老幼，是很值得欣賞的，但這是超義務，必須出於自願；若將超義務強加於每個人都要遵守，道德就會成為壓迫。簡單舉例，金錢捐獻給窮人是超義務，是很值得欣賞的，但強迫別人金錢捐獻就會成為道德壓迫，亦會使人的善行變得虛偽。

16 貞節是否已經過時？
—— 現代對貞節觀的反思

　　如之前所說：貞是強調夫妻間對婚姻忠誠，對今天婚姻倫理依然有參考價值。其實除了中國社會，其他地方傳統社會及主流宗教（如：猶太教、伊斯蘭教、佛教和基督宗教等）都強調婚姻忠誠，甚至反對婚前性行為，但不一定反對配偶離世後再婚。基督宗教到了中國後為了避免被誤解，便用「貞潔」而不用貞節（蔡文雅，2017），以免與中國傳統貞節觀混淆（只要求女性守貞節並且夫死不能再嫁）。時至今日，全世界受着性解放思想影響，有些人已不重視婚姻的忠誠，甚至主張換妻或開放婚姻（隨意的性生活）。即使支持婚姻忠誠，很多都接受婚前性行為及同居。那這些傳統觀念（例如基督宗教貞潔觀）是否過時？

　　台灣有女性主義者孫芳苓（1995）就反對「貞節牌坊」的陳腐觀念，主張女性自主，但她亦強調：「性自主並非性解放。提倡性自主，可將它導向道德良善的方向。我們可將貞操觀念加以修正，適用於現代社會的男女兩性身上。現代貞操觀的前提是平等與平權，尊重自己也尊重他人，以自己的自由意志行使身體自主權，並在深思熟慮之後為自己的行為後果負責。」

可見，反對「貞節牌坊」並不代表就要否定所有傳統的婚姻觀和性觀念的。

其實傳統宗教面對現代化並非沒有作出調整，例如基督教今天都支持男女平等、亦不再視性為禁忌，大談婚姻性關係，並容許避孕和特殊情況下離婚。但為甚麼它們依然反對婚前性行為？因它們認為婚前性行為對日後婚姻可能會有影響；筆者曾看到一專欄信箱，有一男士指自己與女朋友發生性關係後，卻見女友悶悶不樂，他不明所以，只見女友支吾以對，經男方不斷追問下女方才表示，與他做愛不如與前男友做愛般興奮，因前男友可做到某種姿勢令快感大增！男方聽到後當然追問是甚麼姿勢，然而卻都以失敗告終。女方對他說：「不要緊，最重要是你日後好好對我。」假如你是這位男性，聽到後會有甚麼感受？是否真的可以毫不介懷？那男士表示之後與女朋友逛街也不敢看她，亦不想跟她牽手，他不知道該如何面對女朋友。專欄作家亦只可勸他在其他方面對女朋友好些，看不出有何方法真可處理這問題。

性關係會使大腦分泌多巴胺（Dopamine）和催產素（Oxytocin），的確使人難以忘懷，並產生感情連結（鄭安然，2015；Weisfeld & Weisfeld, 2017: 9），很多男性可以有性無愛（Tennov, 1999），但對很多女性來說，第一次的性關係尤其刻骨銘心（Hendrick & Hendrick, 1991）。亦因如此，如果婚前曾與不同人發生過性關係，難免會有所比較，並可能產生妒忌和其他負面情緒；尤其有些人婚前濫交，婚後又如何確保可以專一？（吳海雅，2018）因此，開放的性行為除了可能會婚前懷

孕及感染性病外，亦可能會影響日後的婚姻關係。一段婚姻關係受多方面因素影響，筆者並非主張性是唯一因素，亦非主張婚前性行為一定會影響日後婚姻關係，只可以說傳統觀念的確希望青年人對待性時更加認真和謹慎。筆者認識不少有婚前性關係的夫婦，他們生子女後也不願子女如自己一般，而更希望他們日後對性行為更加謹慎。

現代有人反對貞潔觀的另一原因，可能是擔心有年輕人認為一旦發生了婚前性行為而失戀後，就覺得自己失去貞操，會被人看不起，甚至因而自我放棄。這種失貞就自我放棄的態度當然是錯誤！另一方面，與傳統社會在 15 至 20 歲便已結婚不同，今天很多人年過 30 都尚未結婚，自然會面對更多婚前的誘惑。就算在教會中亦會有一些年輕人抵受不住誘惑，教會總會鼓勵他們為日後的婚姻關係再度守貞，重申「真愛是值得等待！」筆者亦相信凡事都總可以重新再來（可能是因我信仰的緣故），所以若有家長勸勉年輕人守貞亦不宜太嚴厲，以免重演傳統社會「貞節殺人」的悲劇。

西方離婚率愈來愈高其實與性開放文化有一定關係，甚至有性解放思想指婚姻忠誠與性關係可以分開，所以有換妻或開放婚姻的情況。哲學家斯克魯頓（Scruton, 2006：322-347）基於亞里士多德哲學，認為德性（virtue）才能促進快樂，性並非單追求肉體的快感，性關係是指向與另一個人（有意識和靈魂）親密結合的性慾之愛（erotic love），而婚姻正是高舉／神聖化這結合的關係，是對性慾以制度形式表達肯定，因此在婚姻中才能體味到這性慾之愛，以達致彼此生命的提升。而調查發現

已婚者雖然較少性自由，但比未婚者有更頻繁的性行為，並且已婚者的性關係與婚姻滿意度程正向的相關性；尤其對女性來說，婚姻中的性關係往往比婚外的帶來更大的滿足感和安全感（Waite & Joyner, 2001; Weisfeld & Weisfeld, 2017: 8）。

克魯頓認為能促進這婚姻中性慾之愛的行為就是一種德性，傷害這關係的就是惡習（vice），而妒忌則會產生恐懼、孤獨和憤怒情緒，引發敵意侵略行為（Hart, 2010），傷害婚姻中性慾之愛和雙方關係，要避免妒忌就要強調婚姻忠誠（Dillon, et al., 2017: 251），抑制傷害婚姻關係的性衝動，教導年輕人貞潔的價值，建立個人品格和社會責任。但另一哲學家羅素（Russell, 2004: 102-111）認為人的慾望一方面既想有多位性伴和濫交，另一方面又會妒忌伴侶與他人發生性行為。因此他認為，行動的原因只要帶來快樂就合乎道德，現代人已不能做到忠誠，壓抑性慾只會不快樂，他亦認為嫉妒是不好的，所以社會應該壓抑嫉妒，使各人在性自由中更快樂。簡單地說：保守派認為不當的性行為會破壞婚姻關係，應學習控制性慾；自由派則認為任何自願的性行為都沒有問題，破壞婚姻關係的根源是嫉妒，所以應該壓抑嫉妒 —— 到底應該控制／壓抑哪一項？

人類是否都有濫交的慾望可能會有爭議性，但普遍認同不良的情愛關係的確會產生妒忌。BBC News 有一套講述人性本能的記錄片（Winston, 2002），說到性慾部分最後便提及到嫉妒。記錄片中一位育有三名兒子的男士，突然發現兒子有遺傳疾病，但他自己本身並無該遺傳疾病，因而發現兒子是妻子與其他男人所生，之後更發現原來三個兒子都不是他的，使他

難過得完全迷失了方向；另一人則是知道他的同居女友與鄰居有染後，憤怒至極，取了電鋸和斧頭到鄰家大肆破壞。我們可以說這等反應是不理性嗎？記錄片指出，就算在不同的社會文化，嫉妒都是難以避免的自然情感關係。這其實反映人渴求一段忠誠的婚姻，很難接受配偶不忠。香港娛樂圈裏偶然聽聞藝人婚外情的事情亦引發很多市民的討論和批評，市民反應並非單單出於「八卦」，而是出於一種對被背叛者感同身受的憤怒。可見有些人或許的確可以接受開放婚姻，但對一般人應該仍是難以接受，並多視之為違反自然人性情感的關係。人類天生無疑有各種慾望和衝動（無論是性慾、食慾或其他衝動），但德育本身就是要教導年輕人控制它們，筆者不解的是，為甚麼我們一方面認為要教導年輕人控制他們的情緒和衝動，另一方面卻偏偏認為性慾衝動是不可抑制呢？

17 纏足有快感嗎？
—— 從纏足看女性地位與主體性

　　很多現代人常視纏足為女性受壓迫的象徵，甚至被視為儒家殘忍、扭曲、男權至上的惡習標誌，但這看法又是否準確呢？這要返回探索纏足的歷史處境。按一般的看法，纏足起源於於公元十世紀中葉（即宋朝初年），它是宮廷舞者為了練習某種舞蹈技藝而採用的方式，類似於現代的芭蕾舞技藝，因此纏足習慣只局限於高級妓女，到了南宋後才漸擴展到貴族階層。

　　但要知道，纏足的普及不但與儒家無關（余英時，2008：431），並且有記載當時的儒者並不贊成纏足。元代筆記《湛淵靜語》中說：「宋程伊川（程頤）家婦女俱不裹足，不貫耳。後唐劉后不及履，跣而出（不穿鞋襪，光着腳）。是可知宋與五代貴族婦女之不盡纏足也。」程氏家族直至元代，都堅持不纏足。南宋的車若水（朱熹的再傳弟子）在他的《腳氣集》中也提到：「婦人纏足不知始於何時，小兒未四五歲，無罪無辜，而使

之受無限之痛苦。纏得小來，不知何用？」這很可能是中國歷史上最早的對纏足陋習的控訴。

纏足與身分政治

到了元、明兩朝，纏足習慣開始從貴族階層擴展至戲子和平民百姓。尤其是明朝，纏足不再是貴族階層所獨有的特權，而是一種女性共享的典範，為合乎多數人審美觀的行為，更是身分的象徵、社會認可的標準，因此連小女孩也會羨慕有一雙三寸金蓮的小腳。反而社會最底層的窮人並不受這社會風氣影響，貧窮階層男士沒有機會受到教育，女子也不會纏足。而在上流社會，纏足對女性的重要性就像男性受教育般，標示着女性的禮儀文明。到了元朝、清朝，外族入侵的時代，纏足甚至成為民族認同的標誌，因蒙古和滿洲都嚴禁自己民族女性纏足，就此而言，纏足對漢人來說就代表了民族身分和燦爛的文明特徵，被視為女性着裝得體的一部分，使漢族有別於外族那些未開發的大腳野蠻人。在中國人看來，纏足是得體的裝着打扮，將人類與禽獸、文明與野蠻區分開來（Rosenlee, 2006: 139-144）。

至清朝，清政府明令禁止纏足以及其他明朝的着裝打扮和髮飾，並且對纏足父母施以嚴酷的懲罰，康熙皇帝就曾於 1662年對違令者的父親施以鞭刑和流放。對清政府來說，漢民族的服飾被視為前朝的遺物，象徵着人民對明朝的忠誠，威脅清政

府的管治，為了消除明朝的文化殘留，清朝開國皇帝將滿族的裝束樣式強加於漢族臣民，要求男性必須接受滿族的髮式，將前額頭髮剃光，僅在後腦勺留着長長的辮子，而女性則禁止纏足。雖然曾爆發反抗「剃髮令」的暴動，但最終亦成功推行，至十七世紀末，統一留髮辮的滿族髮式，已在官員和平民階層大致普及，但女性依然違抗對纏足的禁令，結果，清朝所有纏足禁令大多都是徒勞的（Rosenlee, 2006: 145）。可見纏足實質是涉及漢文化的身分政治與抗爭，並非如過去所理解的是為「壓制女性」而設。

後現代史觀看纏足

高彥頤（2009：10-86）指出，對纏足的批評源於傳教士到了中國發現纏足的問題後，提出了「天足」的概念，視纏足為與上帝作對，因為上帝是大自然的造物主，祂賦予女性完整、天然的身體。自西方文化傳入後，中國人漸亦感到纏足是陋習，開始以纏足為恥。尤其晚清以降，革命者為國族存亡，提倡徹底推翻傳統舊俗，大力推動放足運動。隨着反纏足運動日益政治化，纏足女性也被賦予「被動」和「受害」的標籤。但高彥頤認為（2009：122）纏足的風行，不能歸罪於父權專制或女性不懂反抗，因為當初是女性有份推動這習俗的。

纏足行為得以普及，毫無疑問是來自男性慾望的推動。一些男性文人以賞玩家之心評賞居家女人的足部，並尚纖小為

美，他們視被束縛的小腳為展現柔弱之美，漸漸地，那標準化的柔弱之美成為了適婚女性的外型標準。賞玩家大量對纏足的詳盡描述，激發了男性對女足的好奇，對纏足的歌頌形成審美的準則，成為一種風氣和品味。隨着風氣的盛行，纏足更成為了階級身分象徵，高彥頤（2009：247）將女性纏足與男性科舉相提並論，認為兩者都是提升地位的渠道。一方面，男性慾望影響着女性纏足的選擇和實踐，另一方面，女性對雙足悉心照料，並運用足服的遮蔽吸引男性注意。由於競爭激烈，女性都為此費盡心機，母親因擔心女兒長大後競爭不足，自小就為女兒纏足。在母親的積極推動下，加速了纏足普及的趨勢。大部分批評者都以為：如果傳統婦女可以選擇，她們不會纏足。但事實是，只要家庭經濟條件允許，女人都會選擇裹腳！纏足不僅不是一種恥辱，也不是一種負擔，而是一種自尊和特權的體現，在別人眼中顯示出她的地位和可欲性。

很多女性主義者都批評纏足對女性身體帶來諸多的傷害，它極大地限制女性能夠參與的活動範圍，固化女性作為妻子受限制於家內的性別角色，強化女性忠貞、順從的保守美德，亦大大限制女性對於家族經濟能力。筆者同意纏足對女性身體有很大傷害，但這些批評忽略了當時纏足的女性都是來自富裕的家庭背景，她們家庭所憂心的並非小姐能否落田耕種，出外為家庭賺錢，他們關心的是如何培養小姐的高貴氣質、賢良淑德，使之日後可嫁給貴族或富貴人家當夫人，這經濟利益比農耕少女赤腳下田耕種大得多。正如高彥頤（2009：257）所說：「纏足的用途，在於攀登社會階梯，而非攀登山路。」在當時社

會，纏足多被表述為尊貴身分的印記，只有地位低微的女人，才會視纏足為障礙。

事實上，纏足的初始階段由於劇烈的疼痛，年幼女孩必須花大量時間坐着或躺在床上，有些女孩甚至需要丫鬟的攙扶才能夠行走，並且需要日常的醫療護理，因此纏足女性的家庭需要負擔閒散女性成員的經濟開銷，為她的雙腳付出大量的人力和財力，所以纏着的雙腳不僅代表女性內心的美德，它也象徵着家族的財富和貴族的身分。高彥頤（2005：148、182；2009：129-130）指出，不少纏足的女性都在明末清初受過教育，她們欣賞自己的小腳，對自己的小足是感到自豪的，並且對於自己有能力改造身體帶着發自內心的喜悅和快感，這些觀點都反駁了「纏足為女性受壓迫的象徵」的說法。

對後現代史觀的批評與回應

其實，高彥頤這類後現代史觀亦受到一些批評。馮偉才（2006：124-125）就批評高彥頤的論述忽略了當時女性地位低下的處境，他質問當女性處於被壓迫的狀況，「她們的『發聲』是真的發聲嗎？她們發出的聲音真能代表她們嗎？」他又引述斯皮瓦克（Gayatri Spivak）的觀點，指出所有在極權壓迫下的從屬階級，他們發出的聲音都「只是殖民者或壓迫者加諸她／他們身上的聲音」，受壓迫者連自己想要的是甚麼都不知道。跟着，馮偉才（2006：125）提出社會經濟資本角度解釋纏足，

他指出中國古代女性在男性話語為主導的社會，女性身體和經濟自主權都被剝奪了，成為男性附屬物，沒有了男性，女性處於失語狀態。導致婦女纏足論述在權力支配下成為男權主義意識形態。

但筆者卻不太同意馮偉才的批評。誠然，傳統社會的確是一個男尊女卑的社會，但傳統社會並非集中營，馮偉才說到當時女性的「自主權都被剝奪了」、「處於失語狀態」又講得太誇張。說傳統女性地位較低都要看是描述哪種關係，如果是夫妻關係當然一般來說是丈夫地位較高，但如果是母子關係，基於孝道，很明顯母親地位比兒子要高；就算皇上面見太后都要畢恭畢敬。其實我們這一代人見過父母、祖父母那輩親朋戚友相處的都知道，雖然傳統社會習俗上是男尊女卑，但實際上還要看雙方的性格，有些女性性格較進取、外向，甚至很有操控慾，她們的實際話語權往往不低於男性。

其實馮偉才的批評與過去一些女性主義者的論調很類似。筆者見過不少女性主義者常喜歡說：「那些女性在受壓迫的處境，她們的說話怎可當真？」筆者對這類的論述實在很不認同，試問很多香港人以前都處於英國殖民社會，難道當時的香港人所說的都不是真的？女性主義其中一個要旨就是指出過往女性的話語於父權主義社會下受到壓迫不能表達，但當聽見一些與她們心目中所期望不同的、支持傳統觀念的女性聲音時，她們又常喜歡說：「她們在父權文化下，她們的聲音豈可當真！」這些論證反映女性主義者常覺得傳統觀念女性的聲音都是假的，她們的看法才

是真正代表所有女性的聲音。當她們話語權提升時，其實她們不自覺地也成為霸權殖民者，將她們的看法加諸於所有女性身上，其實亦是等於對持有不同看法的女性滅聲。由於纏足發生在女性居所內，所以需要女性的直接參與，尤其是母親和女兒或者姑母與姪女之間。纏足大概從五至七歲開始，在開始前兩年需要母親持久的監督以束縛年幼女兒的雙腳，儘管女兒因疼痛而哭喊甚至因而生病，但母親還是堅持要束縛女兒雙腳，這反映母親對女兒未來婚姻生活的關切。即是說，沒有女性持久積極的參與，沒有相當的財力和人力，纏足是難以推而廣之的。由此，我們很難認為這些女性都是處於「自主權都被剝奪」的「失語狀態」。

其實古代纏足習俗與今天不少女性為了滿足愛美、虛榮心態，而穿高跟鞋、隆胸、修身、削骨、整容是很類似的，這類現代「纏足」其實都帶來很多身體健康問題和後遺症，如拇指外翻、「石頭胸」、義乳變形漏裂、細菌感染、神經傷害、皮膚發炎流膿、身體排斥、臉部麻痺、流口水、厭食症等。筆者也很反對這等不自然、不健康的身體「改造」，我們可以批評她們是受消費主義文化影響，將身體物化、將自我商品化，她們「纏足」有沒有快感我不知道，我只知道我們總不能批評她們的行為並非出於真心，「自主權都被剝奪了」、「處於失語狀態」吧！

18 「七出之條」是壓迫女性，抑或是保護女性？

　　「七出之條」很多時被指為傳統社會壓迫女性的根據，本章探討傳統社會的離婚情況。根據《大戴禮記・本命》傳統中國有七個休妻的條件：

　　　　一、不順父母去，為其逆德也；

　　　　二、無子，為其絕世也；

　　　　三、淫，為其亂族也；

　　　　四、妒，為其亂家也；

　　　　五、有惡疾，為其不可與共粢盛也；

　　　　六、口多言，為其離親也；

　　　　七、盜竊，為其反義也。

　　對於第一條，孝道乃家庭倫理之首，不孝順父母，自然不能容忍，莫說媳婦，兒子不孝順亦可能犯法。但其實不順父母

不單指媳婦對公婆不服從，只要公婆不喜歡媳婦，或丈夫認為妻子侍父母不盡心都可以休去妻子。問題是，若公婆是無理取鬧的人，這一條就可能刁難了兒媳。〈孔雀東南飛〉一詩中記載東漢末年有一女子劉蘭芝，自幼極為乖巧，秀外慧中，嫁了給一個小官吏焦仲卿，焦仲卿很喜愛劉蘭芝，夫妻感情很好，可惜焦母對劉蘭芝非常嚴苛，處處刁難，並強迫兒子休她。焦仲卿知道妻子沒做錯事，但又不敢忤逆母親，為緩和母親的怒氣，只好暫先把劉蘭芝送回娘家，並承諾一定會再把她接回來，劉蘭芝聽了焦仲卿的承諾亦很感動，同樣承諾等候他。但劉蘭芝一回娘家媒人就找上門並說縣令的兒子想娶她為妻，劉蘭芝雖不願意，但被她兄長強迫改嫁人，劉蘭芝於出嫁前想到一切都無法挽回時，悲從中來，在池邊投水自盡，焦仲卿知道此事後亦殉情而死。可見孝雖非錯誤，但去到愚孝地步卻會拆散鴛鴦。話雖如此，但如夫妻二人關係很好，父母甚少會因為不悅而強迫兒子休妻，難道不怕兒子像焦仲卿般殉情嗎？即使兒子勉強順從，將來也很可能怨恨自己，再而，若一個賢婦都會被休，試問還有誰家願意將女兒嫁給她的兒子？故法例雖如此列明，但實際卻很少會如此休妻，故此昔日都很少有離婚的情況。

而第二條，無兒子可出是因它斷絕夫家家族發展。但一般情況若正妻接受丈夫娶妾，由妾生兒子，都不用休妻，所以因無子而出妻的情況其實很少；第三條，淫，即有婚外情，有機會生下非男家的子嗣，混亂家族的血緣；第四條，妒，即對納妾妒忌，若妻沒有兒子而又不容丈夫娶妾，就可用這個理由

休妻。傳統社會認為妻子對妾有妒忌之心是可以的,甚至容許嫡妻因為妒忌妾侍而惡待她,但不可因妒而傷害家族發展。南宋洪邁於小說《夷堅志》故事中就講到有妻子的女僕與男主人性愛後被女主人發現並打死,甚至殺死婢女與男主人的孩子。故宋朝的道德家主張由於妾在經典裏是被默認的,故教導妻子要學會控制嫉妒情緒,沒有甚麼比不妒忌更重要的德行。故有妻子會為控制自己妒忌情緒而向其他女子求助傾訴,有的甚至會轉向佛教,看破一切,放下執着,妻子慢慢變得安詳沉靜,不單維繫了家庭和諧,更成為放下肉食、熟讀佛經、慈悲待人的聖人,備受家人尊重(伊沛霞,2004:146-151)。當然,能否以妒為休妻理由亦要視乎妻子的家庭地位,如獨孤伽羅皇后以「妒婦」為人所知,她禁止隋文帝楊堅納妾,結果隋文帝五子同母,沒有妃嬪(電視劇說他們是歷史上最恩愛帝后夫妻,試問誰會相信?)普遍學者相信這與獨孤皇后父親獨孤信及其背後關隴集團勢力有關;第五條,「有惡疾」即惡性的傳染病如惡瘡、頑癬,可出的理由是不能與丈夫一同參與祭祀。傳統家庭祭祀是重要家庭活動,一般由妻子安排和主持,不能交由妾負責。但真正因為惡疾而休妻的事例卻不多,舉例漢朝歷史中並沒有因惡疾而出妻的記載,反而有公主(漢武帝姊姊)因駙馬有惡疾而把駙馬休掉並改嫁給衛青將軍(伊曉婷,2011);第六條,「口多言」,即容易在家中挑撥離間,破壞家族關係,嫁女一家固然會為女兒出嫁憂心,但男家娶媳婦亦會擔心娶了一位多言女子,挑撥家人關係,尤其她來自另一家庭,有不同的價值和文化,家婆都會擔心兒子只聽妻子的

說話，而導致家庭分化；第七條，「盜竊」，即指偷東西回娘家違反道義。筆者親友告訴我曾有些人因妻子嗜賭所以離婚，但七出之條沒有嗜賭，筆者估計可能視嗜賭為盜竊，或視為不孝順父母，如果媳婦不聽公婆勸告戒賭，即可視為不順，便可「休妻」。

七出本來只是漢朝禮制，到唐朝後被納入成為法定的離婚條件。宋朝甚至推行離婚契約制，即男方必須寫下休書（劉佳、周晶晶，2016：97）。從七出的理據可見「七出」的內容反映以家庭發展為考慮，而非基於夫妻感情好壞，故有指七出之條強化了封建制度及家長制的夫權，打壓女性。表面上看，法例上只有休妻的七出而沒有休夫，對女性是不公平的。但事實上傳統社會「七出」是否真的只為鞏固夫權？

筆者並非否定傳統社會確是男尊女卑的社會，因為男性是主要的生產及收入來源，亦是戰爭時主要的戰鬥力，若將條例放回當時社會脈絡了解，男性權力在傳統社會原本就是主導力量。若沒有七出限制，丈夫因妻子年老色衰或因移情其他年輕女子而要休妻，其實妻子也拿他沒辦法；尤其在當時社會一般女性如沒有男性的保護往往就是最容易受欺凌的群體。從文獻記載推論，在先秦時期，無論是王公貴族還是普通百姓，都有輕易出妻的風氣（崔蘭琴，2104：66）。從《左傳》的記載來看，對於王公貴族來說，隨便一個藉口就可以出妻。另《韓非子‧外儲說右》亦有記載，吳起由於妻子織出的布不合他的要求就將她休去。〈衛風‧氓〉是《詩經》中著名的「棄妻詩」。當中記載：

自我徂爾，三歲食貧……三歲為婦，靡室勞矣。夙興
夜寐，靡有朝矣。言既遂矣，至於暴矣。

這首詩描述了一女性成親後，多年受窮苦煎熬，雖盡守婦
道，每天負責繁重家務不辭勞苦，早起晚睡都沒有怨言，但到
家庭好轉後丈夫就對她施暴並且休棄。從此可見「七出」之前
休妻是何等隨意，與妻子離婚與否完全取決於丈夫的喜怒哀
樂。故此，與其說七出之條是鞏固夫權，不如說它是對丈夫休
妻加以限制，根據《唐律》：「諸妻無七出及義絕之狀，而出之
者，徒（坐牢）一年半。」可見，有了七出之條反而丈夫不可以
隨意休妻，亦可防止社會失序，維護家族的穩定。

三不去

七出之外，還有「三不去」保障妻子，意即就算符合七出，
但在三個情況下都不可以休，為休妻加上更多限制。三不去
指：一、有所娶無所歸，即指妻子已沒有娘家可歸，可能娘家
的人已死，便不能休；二、與更三年喪，若丈夫父母離世，妻
子要跟丈夫一起守孝三年。如媳婦已為家翁守孝三年，即已盡
孝，不能休；三、前貧賤後富貴，數十年前香港有很多這類情
況，很多妻子與丈夫一起捱苦做生意，但當丈夫富有時卻嫌棄
妻子年老而包養情婦，有的甚至與妻子離婚。所以這裏指明若
丈夫娶妻時家境貧窮，便不可在富裕之後休去妻子，因為丈夫

得以在外名成利就，妻子在背後支持的功勞必不可少。並且
《唐律》規定：「雖犯七出，有三不去，而出之者，杖一百。」而
且受杖後還要復婚。東漢何休注指三不去的目的是「不窮窮」，
窮即窮途沒路，而不是貧窮之意，即指妻子已沒有娘家可歸，
不能使她窮途沒路；「不忘恩」，指為夫家守喪三年，對夫家有
恩，不能忘恩負義；「不背德」，即指妻子既與丈夫一起捱苦，
丈夫不能不道德地休妻。

　　另外，若因十分不幸的情況而犯下七出，而以此怪責妻子
並休妻亦的確太殘忍。如明朝文人劉基指出：

　　　惡疾之與無子，豈人之所欲哉？非所欲而得之，其不
　　幸也大矣，而出之，忍矣哉！（《郁離子‧四部叢刊本》）

　　除了惡疾和無子，筆者認為以「妒」為由休妻亦是最不公
平和違反人性的。婚姻制度的設立其中重要原因就是因為人會
嫉妒，人會因配偶有其他情人、性伴而產生心如刀割、妒火燒
心的感覺。婚姻制度正希望建立排他、信任、穩定和終身的愛
情家庭關係，讓下一代有健康成長環境。「妒」亦因為愛之深
切，視對方如自己般重要，這亦是婚姻的重要情感基礎。如果
丈夫四處留情尋找性伴，妻子都沒有嫉妒，妻子對丈夫的愛實
在有限，婚姻的意義又在哪？如男女轉換身分，又有多少男性
可接受妻子與其他男人有性關係而不妒呢？只是傳統中國只顧
傳宗接代，完全漠視女性的正常感受，難怪傳統中國常被批評
為不尊重女性，視女性為生育工具，這類批評亦非全無道理。

拋棄不上進的丈夫

雖說法律只有休妻沒有休夫，但現實上若嫁給一事無成的男子，不少妻子亦會毅然離去！傳統中國多反對妻子離開丈夫，《白虎通‧嫁娶篇》說：「夫有惡行，妻不得去。」原因就是「地無去天之義也。夫雖有惡，不得去也。」事實上很少出現妻子離開丈夫的情況，但亦非完全沒有。例如：西漢時有一窮書生朱買臣靠砍柴為生，並喜歡一邊擔着柴一邊高聲誦書，他妻子忍受不了丈夫總是活在虛幻之中，毫不長進，因而提出離婚改嫁。明朝唐伯虎因無辜受到科舉舞弊案牽連而入獄，當官夢碎，並受盡鄙夷和唾棄，只靠賣字畫維生，第二任妻子因唐伯虎窮困潦倒，與他吵架後便離他而去。張國剛就歸納出秦漢時期的文獻，顯示妻子或其家人會在五個原因下主動提出離婚：一、丈夫家貧；二、丈夫平庸無才；三、丈夫身患惡疾；四、無法忍受丈夫惡習穢行；五、妻子為另攀貴人或為錢財而強行離婚（2012：29）。所以雖說昔日的女性地位低微，但若男性沒有能力或地位，妻子都可能會離他而去。即使今天，偶然亦聽聞在農村社會，丈夫遇意外而成殘廢，或因一事無成，妻子便留下子女離丈夫而去，改嫁他人。

義絕與和離

傳統社會中離婚除了休妻，還可能是義絕與和離的情況。

義絕，即恩斷義絕，漢朝時已出現，唐朝更成為法律：

> 夫婦之道，有義則合，無義則離。今不得意，胡不去乎。（《列女傳・貞順・黎莊夫人》）

而以下情況即為「無義」：

> 悖逆人倫，殺妻父母，廢絕綱紀，亂之大者，義絕乃得去也。（《白虎通德論・卷九・嫁娶》）

上文即指雙方親人有毆、罵、殺、傷、姦，令兩家的關係惡劣，變成仇家，一定要義絕，不可能再走在一起。而妻子如想謀害丈夫，又或丈夫虐待妻子、迫妻子犯姦、賣淫、將妻轉嫁、賣休、迫妻為妾，都可以義絕。

和離，即和平分手，在《唐律疏義・卷第十四・戶婚》已有「夫婦不相安諧而和離者，不坐」。當夫妻不再情投意合，無法調解而和離是不被問罪的。和離須完成繁複的司法程序，可避免被迫「離婚」，需要丈夫要與妻子一起撰寫休妻書（或稱「放妻書」），原因是昔日的人結婚要進行六禮，所有鄉親父老都共同見證，但休妻不會有儀式，唯有寫休妻書公告雙方已離婚，讓被休妻子改嫁時能明正言順，不會被視為淫亂。

傳統婚姻涉及兩個家族，「七出」和「義絕」離婚形式都可能令其中一方的家族聲譽受損，甚至可能引發社會局部動盪；而和離方式則較為文明，影響較小，透過夫妻意願而決定，

並且程序繁複，放妻書要寫雙方離婚理由，提出離婚意願和安排，並且彼此祝願，最後除了夫妻簽紙畫押，還要雙方親人見證一同畫押，才算有效（李瑞軒、李冰，2011）。後世都遵從唐例，容許和離即兩願離婚，更成為近代法律。但事實上昔日離婚情況與今天相差甚遠，昔日離婚者甚少，但今天離婚則變得普遍。舊社會比較着重禮教而非個性，故衝突較少，而且在年少時已結婚，一般很早便開始磨合，加之整個社會都鼓勵結婚，不鼓勵離婚，有了子女後更不會離婚，傳統社會夫妻若離婚，子女是歸父家，因此為了子女着想，很少妻子會提出和離。而且女性在舊社會生活比較困難，若離婚後，失去丈夫依靠，生活也可能成為一大問題，所以離婚情況很少。當然亦有和離的情況，就如末代皇帝溥儀和他的妃子文繡就是正式和離的。文繡因溥儀的冷漠而向法院提出離婚訴訟，並終於得以和溥儀成功離婚。當時雖已進入民國社會，但作為貴妃竟然向皇帝提出離婚訴訟，她亦是中國歷史唯一一個與皇帝離婚的女子，在當時社會仍是非常矚目的。

19

為不用結婚而感恩？
—— 離婚的現代反思

　　在現代社會已沒有七出之條，和離的程序亦大為簡化，人們的自由度和兩性平等已大大提升，但離婚率亦隨之大幅增加。傳統家庭以父子為核心，女性依附男性，家庭以血緣關係為基礎，以夫為妻綱約束女性，即以丈夫為妻子綱領、領導，家庭穩定性比較高，因而離婚率較低。現代家庭以夫妻關係為核心，並非以血緣關係而是以夫妻感情為基礎，血緣關係不能改變，但夫妻感情可能會隨時間改變。兩性地位雖比以往平等，經濟獨立，但婚姻穩定性較低，若二人意見不合，最終無法達成共識，又不肯妥協，便很容易分離。

　　無論甚麼文化，普遍社會都不鼓勵離婚，因為對社會及兒女的成長不利。英國心理學節目有《千禧 BB 檔案》（*Child of Our Time*）對 25 位千禧年代出生的兒童作調查，研究他們的成長，節目說到至 2013 年，當這輩千禧年代出生兒童都已 12 歲，部分曾經體驗到父母離婚，他們當時都很傷心，不希望父

母離婚，盼望父母終有一天能復合，但隨着時間推移，他們慢慢知道很難如願以償。（每次看到兒童講述父母離婚故事內心都很難過！）父母關係嚴重衝突以致離婚，無疑對下一代造成很大打擊，父母本是兒女成長最全心信賴和依靠的對象，並主導子女構成其個人身分和自我看法。因此，父母離異必然對子女自我身分和情緒產生極大負面影響，孩子會承受巨大壓力、焦慮、恐懼，甚至憂鬱，使性格容易變得退縮、缺乏安全感，無可避免地亦會影響學業，而且使他們對日後婚姻失去信心，明明渴望親密關係，但卻不敢發展。父母作為兒女成長過程的模範，若連父母都離異，自己又怎樣知道如何與人建立穩固的婚姻？所以不單在中國，其他國家政府或各大傳統宗教如基督教、伊斯蘭教都不贊成離婚，面對婚姻衝突，各社區或宗教領袖們都積極提供輔導，希望幫助當時人挽回婚姻。當然如果當事人最終都堅持離婚，其他人亦無法阻止的。另外，亦有些例外情況，就如基督教，摩西也表明如配偶犯姦淫有婚外情是可以離婚的。或者現代社會出現家暴的情況，兩害取其輕，教會亦不會阻止離婚，因為家暴而不容許離婚，隨時會有人命傷亡。離婚有時的確是迫不得已，但總不是一件值得鼓勵的事。所以中國人才有句諺語「寧教人打仔，莫教人分妻」。

筆者認為年輕時會覺得現代婚姻較好，但當年齡漸長時反而漸感到傳統婚姻確有其價值。現代社會離婚數字高企，香港 2016 年離婚率已高達 34.3%（離婚數目／結婚數目），以每千名人口計算，粗離婚率（crude divorce rate）是 2.34 人，是 1991 年的兩倍多（政府統計處，2018），對個人尤其對下

一代打擊都很大。傳統婚姻的夫婦即使有衝突，整個社會都會鼓勵二人盡量磨合，減少離婚的情況，反而現代人可能很快放棄，所以傳統不鼓勵離婚除了維護家族名聲，亦都有助為下一代提供較穩定的成長環境。近年有研究反映面對婚姻衝突，離婚的人不一定比維繫婚姻快樂，並且五年後訪問那些沒有離婚的人發現他們當初的衝突已經解決了，或隨時間消退，關係轉好，如今反而更快樂（Waite et.al., 2002）。但亦有研究指出，若因長期處於不愉快的婚姻關係而選擇離婚，之後再選擇更適合的對象再婚，的確比堅持不離婚更快樂（Hawkins & Booth, 2005）。表面看來，離婚好像再給自己一個機會嘗試另一段婚姻。不過，現實中曾離婚的人，再婚後離婚機率也不低。美國統計顯示第一段婚姻離婚率是 50%，第二段婚姻離婚率是 67%，第三段是 74%（Smith, 2021），不少個案反映，如果當事人沒有從過去婚姻失敗的經驗當中學習與反思自己的婚姻態度，之後再與其他人結婚，離婚機會率更高。故此，與其關注離婚與否，不如專注於夫妻關係的建立及衝突的處理。事實上，傳統婚姻明顯亦有其壞處，傳統社會離婚率低的很大原因是因為女性地位低，生活要依賴丈夫，以致有時面對丈夫欺壓及暴力亦只能逆來順受。因此，若今天的夫婦面對着非常嚴重的家庭暴力和衝突，離婚可作為最後迫不得已的選擇，否則對配偶和子女都會造成更大傷害。若果離婚是無可避免，父母便應透過適當輔導，有技巧地處理離婚、再婚、與子女關係，減輕離婚對子女的傷害。

現代社會已不可單靠傳統規範和習俗維繫婚姻，更重要的

是如何建立婚姻相處之道。舉例而言，筆者的教會如有準夫妻希望在該教堂進行婚禮，必須參加由教會所舉辦的八課婚前輔導，學習婚姻的意義、二人相處之道、如何處理衝突等，更有牧師一起面談。原因是了解到二人來自不同的背景，終會有發生衝突的時候，如果懂得處理衝突，便會是一個互相磨合的好機會，但如果不懂磨合，即使一方願意拼命地忍耐，總有一天也會情緒爆發，所以婚前輔導有其重要性，能幫即將結婚的男女準備婚姻生活。牧師或輔導員亦會私下傾談，進行心理測驗分析二人性格，討論婚後可能會面對的困難。

筆者曾聽聞教友分享，他在婚前輔導班中認識另一位即將結婚的教友，有一天他問該教友婚禮籌備情況，那人竟說：「感謝主，不用結婚了！」他聽了不知該如何反應！難道男方是被迫結婚？的確，有些人是經過婚前輔導後決定不結婚，其實這也可能是好事。婚前輔導可帶出了原來雙方相處上和對婚姻的態度不一致，勉強結婚亦很可能離婚收場；亦可見很多現代人缺乏自我了解，也不懂兩性相處之道。故此婚前學懂如何相處，弄清雙方想法，總好過不情願地結婚而最終離婚收場。

在新世代要執行傳統婚姻很困難，反而如何做好有關婚前成長及婚姻教育更重要。戀愛與婚姻涉及很多處世技巧，都是必須學習的！今天社會沒有教人怎樣戀愛結婚，很多年輕人都透過電影、電視劇學習，但電視劇多數是峰迴路轉的情節，很不現實，劇本是編劇寫的，總可寫出很多偶然相遇的劇情，鬥氣冤家也可變成情人，若光靠看電視、電影學習戀愛，往往便會出問題。

20

這是最自由的世代，這是愛無能的世代！

—— 從傳統到現代婚姻關係的哲思

受五四運動影響，很多現代人對傳統婚姻嗤之以鼻。宋劍華（2014）指出五四運動以來，婚姻自由成為新文學創作的核心主題，新文學作家帶着反封建傳統的熱情，大力鞭撻「父母之命、媒妁之言」的傳統封建婚姻，將感性與理性之間的張力，提升到進步與保守之間意識形態的衝突，甚至過度誇大個性解放的價值取向。新文學往往把「父母之命」描繪為父母以氣用事，為個人利益的自私行為，將兒女視為商品，非為兒女着想，亦不顧兒女感受。「家」被描繪為暗無天日的精神囚籠，唯一出路就是「離家出走」，自由戀愛，這都表現出浪漫主義的理想色彩。宋劍華（2014：173-174）一方面對傳統封建婚姻的批評聲音提出質問：「真是這樣邪惡嗎？」「難道我們的父母果真如此『歹毒』嗎？」「難道我們的那個『家』果真是罪惡之地嗎？」另一方面，他又質疑：「『離家出走』是否就意味着『解放』？」他反而感慨「離家出走」後出現的是「自由亂愛」的現

象，他引述一些現代女作家，指出在男性主導的婚戀自由裏，女子成為被任意宰割的迷途羔羊。有的為與男友熱戀而與父母關係決裂，不久男方卻因對女方感厭倦而回鄉娶妻，女方大受打擊，一病不起，鬱悶而死。有的與男方同居後才發現對方為有夫之婦，得到女方金錢後才將女方拋棄，導致女方悔恨而自殺。有些情侶熱戀同居後，被男方以女方不是處女為藉口移情別戀，女方為證自己人格清白而自殺。宋劍華（2014：174-175）指出，在五四思想啟蒙的初始階段，新女性作家就已經敏感地意識到，男性啟蒙者所宣導的婚戀自由，只不過是他們在「利用婦女解放『冠冕堂皇』」名目，施行陰險狡詐伎倆罷了。新女性以她們的肉體犧牲，換取了男性社會的欲望釋放，於是她們不再去相信男人，更不再去相信男人所說的偉大『愛情』」。

浪漫與感傷

其實自由浪漫的戀愛觀念可說源於西方十八世紀浪漫主義運動，其中歌德的《少年維特的煩惱》（下稱《維特》）可視為浪漫主義的先驅。故事主角維特（Werther）是一善良、激情、藝術型的少年，他只是中產階層，卻愛上貴族女子綠蒂（Charlotte），二人兩情相悅，但綠蒂父親卻已將她許配給另一貴族少年阿爾貝特（Albert），綠蒂亦是循規蹈矩的女性，她不願違背父親的意願，但維特依然苦苦地追求着綠蒂，當他看到綠蒂就會緊張、興奮、徹夜難眠，以致第二天再看到綠蒂時就

會心慌意亂，不知說甚麼好。但最終綠蒂與阿爾貝特結婚了，維特知道無望，就強迫自己離開綠蒂，而他之後事業上亦遇到種種挫敗，在村莊中又遇見種種不如意的事情，並且他依然苦苦思念着綠蒂，常常去找綠蒂，而綠蒂亦因維特苦苦癡纏而煩惱，她明確要求維特不要再對自己抱有幻想。維特絕望地與阿爾貝特吵架後傷心離去，甚至想過要殺死阿爾貝特，維特非常痛苦，他覺得在這三人關係中唯一出路就是犧牲自己，成全綠蒂與阿爾貝特，於是他自殺死了。

本書很多內容都是從維特第一身角度的愛情獨白，卻沒有多表述綠蒂和阿爾貝特的感受。《維特》是歌德短時間完成的即興作品，反映當時年輕人對封建制度的不滿，風靡當時萬千少年，影響深遠，不單很多年輕人模仿維特的衣着裝扮，甚至興起了自殺風潮，鬱悶的年輕人自殺都模仿着維特死時的姿勢，又或自殺時在身旁放一本《少年維特的煩惱》，以致歌德要寫一首詩勸告年輕人不要模仿維特自殺。

其實《維特》大部分寫的是歌德自身的經歷，他自己就是愛上年輕的綠蒂（Charlotte Buff），但綠蒂已與律師施泰因戀愛，之後成為了施泰因夫人。歌德透過寫作《維特》抒發內心的鬱結，並幫助他從自殺的念頭中擺脫出來。維特重視內心自然真實的情感，藐視外在習俗、法律、道德、宗教信條和貴族階層的意識，視這些都為破壞我們的真實感受和表達，這一切社會規條只會葬送愛情和藝術。維特的自殺亦反映他主動選擇以死亡對抗毫無意義冰冷的世界。解放個性，追求自由，尊重自己內心感受，追求個體存在價值。不少人會認為，《維

特》中的感傷主義特質，是德國從啟蒙思想轉到浪漫主義的代表作。

《維特》雖然受年輕人歡迎，但亦受到當時教會批評。歌德極力以自己沒有自殺作辯護，後來他自己亦反對浪漫主義，慢慢轉向希臘古典主義。[1] 歌德雖因《維特》一舉成名，「但維特身上存在的感傷主義習氣卻是歌德力求克服的情感」。之後隨着歌德對希臘悲劇的研究和路德神學的思考，他慢慢發展出古典主義作品，「是在對自然規則的一種沉思中達到內心的絕對平靜」（王靜，2013：127、130）。歌德之後寫了一喜劇《感傷主義的勝利》（*The triumph of sensitivity*）正正是諷刺、批評早年所寫的《維特》，希望從過去的感傷主義中拯救出來。戲劇中有主角親王奧納諾（Prince Oronaro）行李中帶一個真人大小的洋娃娃，是親王所愛的新娘，後來皇室發現那洋娃娃是皇后曼丹達妮（Mandandane）的複製品，皇后知道親王很愛她，但皇后曼丹達妮卻是國王安塔森（King Andrason）的妻子。曼丹達妮被奧納諾狂熱的愛所感動，希望治癒奧納諾的傷感，但國王卻感到生氣，他說服皇后做一測試，讓皇后坐在親王行李裏代替洋娃娃的位置，當親王打開行李，發覺他其實並不愛皇后，他愛的只是洋娃娃，親王所熱愛的只是他自己對皇后影像

1　其實主流學者都認為歌德再之後的《伊菲格涅耶》（Iphigenia in Tauris）才是反映新古典主義的開端，更是一種克服感傷主義的自然觀，克服從神而來的詛咒和災難，解決了親情與忠誠之間、愛情和佔有之間的矛盾，達致內心的秩序和平靜。但哲學家阿多諾（Theodor W. Adorno）卻認為歌德《伊菲格涅耶》（Iphigenia in Tauris）只是內容用了希臘神話的內容，但哲學上反映的卻是啟蒙與神話間的辯證，重點是活在特定歷史中的人性。在此不能作詳細討論，如有興趣可參考（Adorno, 1992; Petrucciani, 2021: 143-148；張靜靜，2015）。

的投射，並且那洋娃娃是可以任由親王攜帶和控制的；最終皇后亦從她自己的幻象中走出，接受國王真實的愛，這劇作同時亦諷刺浪漫主義那自戀式虛幻的愛。浪漫主義所感受到「自然」很多時可能是一種虛構出來，理想的投射，「其實，真實的自然處於一個更深的層面，人若獲得內心的安寧就必須要更深入地理解自然以及自然與藝術的關係」（王靜，2013：131）。

歌德的《感傷主義的勝利》結局可能給人感覺太戲劇化，卻正正寫出很多現代人求愛的態度。很多現代青年在追求熱戀時總會苦苦思念，浪漫地癡迷於對方的一舉一動，就如維特思念綠蒂般，但其實所思念的對象很多時都只是當時人浪漫化的感情投射，與真實認識一個人可以很不同，所以不少現代人會說：「因誤解而結合，因了解而分手。」愈來愈多人帶着熱情進入戀愛和婚姻，卻最終剩下憤怒和仇恨而分開。筆者認為現代人可能不但對選擇對象有所誤解，甚至對自己的戀愛婚姻態度亦了解不足。

液態愛與愛無能

最近有一本書，書名很受觸目 ——《愛無能的世代：追求獨特完美的自我，卻無能維持關係的一代》[2]。這是一位在德國

---

2 其實原本德文書名 *Generation Beziehungsunfähig* 意思只是「無法建立關係的一代」，但中文書名卻更有力表達出全書要旨。

柏林約 40 歲的知名博客所寫的城市軼事，書中描述了很多現代人對戀愛關係的經驗。這一代不是性無能的世代，相反書中很多人物都是有很多戀愛和性經驗的，卻不懂如何維繫親密關係。有人甚至透過社交網絡不停「約炮」與眾多女性上床，他自認為是「性過頭了」，但仍不能自拔地繼續「約炮」。亦有女性因男友的不忠而不再相信愛情。有人甚至認為：「愛情只不過是神話，只是宗教的一種替代品。」作者納斯特（Michael Nast）指出，真正的男人應該是清晰、果斷、願意承擔的。但大部分「現代新男人」都不是這樣的，連作者也承認他自己亦不是。現代人都很明哲保身，稍微自我犧牲也不願意。在消費社會中，人們都以消費方式對待感情。納斯特（2017：87-89）認為，今天「我們處在一種持續自我優化的狀態中」，「我們將一切投注在『實現自我』這項龐大計劃上……我們不間斷地將注意力放在自己身上，將自己經營成一個品牌」。追求「自我實現」有甚麼不對嗎？亞里士多德倫理學所講的「幸福」（eudaimonia）和人文主義心理學豈不也是追求「自我實現」？問題是亞里士多德所講的「幸福」是一種人性的實現、道德品格的實現，類似於孟子所主張要發展「仁義禮智」的德性，而今天所追求的只不過是商業消費社會個人外在形象的包裝，將自己打造成一個品牌。並且人們愈來愈自戀和自我，只渴望得到別人的肯定和認同，看不到自己的缺點，更看不到別人的需要和感受，將一切愛情的期望投射到另一人身上，但所追求的只不過是自己的幻想。

我們今天在社交媒體上可看到無數加工「美圖」和時尚的

網紅，總會看見人們最美麗、最「幸福」的一面，卻看不見人們掩蓋着內心的空虛和寂寞。手機的發明原本是為了方便我們溝通，現在卻成為溝通的殺手。人們看到的都並非真實的他者和自我，只是一個個美好的投射和幻象。而在消費社會裏，我們只是透過不停消費所帶來的短暫快感填補內心的空虛，以致人們不單與他人疏離，亦與自我疏離。

納斯特（2017：67）引述南韓哲學家韓炳哲所說：「愛情需要高度投入，但我們卻一直小心避免這種投入，因為它會帶來傷害。」這讓筆者想起王家衛《東邪西毒》中一經典的台詞：「我知道要想不被人拒絕，最好的辦法就是先拒絕別人。」為要忘記所思念的對象，每個人都只好「醉生夢死」。納斯特（2017：67）繼續說：「有能力並且願意經營一段關係，也表示要有承受痛苦的能力。但是現代人日益不願受苦。」現代人生活得很安逸，讓人失去了改變的勇氣，人際間亦愈來愈不願意妥協。納斯特（2017：282）在結尾有段說話：「對有親密關係障礙的人來說，要他們在關係中放棄任何東西很難。他們不願接受任何妥協，要有自己的自由空間，可以做自己感興趣的事，實現自我。」可是這正正就是「愛無能」的症狀，「愛無能」正正起源於人們不想被關係限制。這書副題有力地勾劃出這愛無能世代的現況是「追求獨特完美的自我，卻無能維持關係的一代」。正如納斯特（2017：78）所說：「其實我們並不想要愛別人，真正想要的還是別人來愛我們。也就是說，即使我們和另外一個人建立了愛情關係，由於我們的自私，大家骨子裏依舊保持單身心態。」

無獨有偶，當代社會哲學家齊格蒙・鮑曼（Zygmunt Bauman）（2007）亦以「液態之愛」描述現代社會脆弱的人際紐帶。鮑曼指出之前工業革命下的現代社會是固態的（solid），即以土地佔有為基礎，強調流水作業式的生產秩序。因運輸和通訊科技發展，我們今天發展出液態現代性（Liquid Modernity），空間和時間距離大幅收窄，地域空間的限制已不再關鍵，令整個生產和生活方式更為流動，變化已成為常態。今天很多年輕人都同時從事很多不同形式的工作，已不像以往般期望可在一間公司工作至退休。而這種液態代的社會形態亦影響着現代人際關係及親密關係的建立。

　　現代人由於缺少傳統社會那永不破裂的關係，我們必須藉着自己的技巧和奉獻，努力建立和維繫想連結的關係，然而人們又不想被關係綁得太緊，萬一環境轉變可隨時讓紐帶（bonding）鬆脫，解開關係的束縛，但如此脆弱的紐帶又使人感到不安全。鮑曼指出人在液態現代性中就是處於這矛盾的張力中，一方面渴望關係，渴望與人共處所帶來的安全感，萬一遇到困難可有人相互依賴分擔；另一方面又對關係（尤其是永久關係）非常戒慎，害怕這種關係會大大限制個人自由，帶來沉重負擔。在液態現代性中，關係變得「個人化」（individualization），人們愈來愈多講「連繫」、上線（online）、「接觸」（connection）而非以「關係」（relationship）表述自己的狀態；比起談及「伴侶」（partner），人們更喜歡談論「網絡」（network）。「關係」、「親屬」、「伴侶」都是需要相互投入的，但「網絡」卻可以有需要時才「連線」，無需要時可「離線」，不

需要投入和承諾，亦毫不費力。但有得必有失，按劣幣驅逐良幣法測（Gresham's Law），這種虛擬關係終必驅逐其他關係（鮑曼，2007：19-27），以致人際關係愈來愈疏離。

面對現代人際關係的疏離，婚姻關係脆弱易碎，的確愈來愈多人嚮往傳統社會的關係。但筆者認為，我們一方面不應過度妖魔化傳統社會，另一方面亦不應過度美化傳統婚姻關係的實際情況。現代社會人們個性太強，以致各方都難以融合，婚姻關係難以維持，傳統社會不重視個性，婚姻關係重視關係的維持和對家庭的責任，由於生活環境艱苦，不少夫妻為家庭和下一代不辭勞苦地付出，面對衝突亦不會輕言放棄維護家庭關係，這些精神有可貴之處，亦為一代一代人成長提供了安全成長環境。但傳統婚姻關係中，的確有時候父母的主導性太強，忽視年輕人感受；另外在父權社會，面對夫妻衝突，大多都是妻子作出退讓和遷就，尤其當丈夫事業有所成就，又會在外風花雪月、拈花惹草，又或會納妾，以致一眾妻妾勾心鬥角、爭妍鬥麗，這些都是製造家庭不和的因素，唯有像《紅樓夢》的王夫人般，常留在佛堂吃齋念佛，冷眼旁觀，一副清心寡欲的模樣，才得以保全家中和諧，但恐怕今人不可能再忍受這種情況。在今天，如果你是出身家境貧窮的女孩，依然有可能透過努力改善自身的條件，找到一位合適伴侶，但在傳統社會，可能就要成為婢女或童養媳了。

傳統社會由於女性獨立經濟能力較低，再加上宗法制、傳統習俗等社會壓力，以及考慮到兒女的將來，面對婚姻衝突時，妻子往往都會選擇強忍。由於沒有分手的選項，所以發生

爭吵時彼此只會考慮大家如何繼續相處下去，不少關係經過若干年的「磨合」，的確培養出相處的辦法，甚而培養出更多感情，培養不出感情的亦可和平相處。但既然說是「磨合」，這段日子對雙方都必定十分折磨，但從正面看，如果雙方都願意虛心學習，經過磨練的人格於待人處世方面都會更為成熟，所以「磨合」亦是雙方一起彼此學習成長的機會。但今天無論男女都有相當獨立經濟能力，傳統價值和規範已漸失效，社會文化強調自由和真我，習慣於急速轉變創新的消費文化下，人愈來愈重視自我感受，亦逐漸失去忍受「磨合」的耐性。正如納斯特（2017：88、95）所言，「自我如果太過巨大，使我們連自己的伴侶都看不見」，我們就會「很容易抹煞掉關係中兩人人格共同發展的重要性。」又或這樣說，在傳統婚姻中，人是沒有選擇地進入彼此「磨合」共同發展；而現代社會，人可隨時選擇離開，若要維持長久關係，便需要雙方都有決心去愛，願意虛心彼此學習，共同成長。很多現代人一直在等待最合適的那一位，誠如納斯特（2017：139）說：「可能根本就沒有『最合適』的。」筆者更認為不要只問別人是否適合你，反而要自問你是否適合別人？

愛的藝術

存在主義心理學家佛洛姆（Erich Formm）《愛的藝術》（*Art of Loving*）一書中正指出，很多現代人以為愛只是感覺，是不

用學習的，最重要是吸引力（事業、金錢或樣貌）和對象合適與否的問題。其實這只是受商業社會影響，以為愛只是雙方同意條件下的交易，並且混淆了一見鍾情式迷戀和永久地愛一個人的狀態。佛洛姆主張愛其實是一種能力，並且是一種藝術。是需要帶着自律、專注和耐心去練習和實踐的。

人為甚麼要愛？因為人察覺到孤獨和疏離，孤獨和疏離使我們焦慮、虛弱，無力把握世界的人和物。人們更可能會透過不良習慣如酗酒、吸毒、性濫交克服孤獨感，但這些方式只能短暫解決孤獨，完美的方式應是透過愛，與他人融合。愛是主動付予與分享生命，而非被激情主導，更非為換取回報。愛應具備四個元素：「尊重」、「了解」、「責任」和「照顧」。即是尊重對方的獨特性、深切了解對方的感受和需要、負責任即主動回應對方的需要，並努力照顧對方的生命和使對方成長。佛洛姆的分析與《聖經 · 哥林多前書》中愛的真諦有異曲同工之妙。

> 愛是恆久忍耐，又有恩慈，愛是不嫉妒，
>
> 愛是不自誇，不張狂，不作害羞的事；
>
> 不求自己的益處，不輕易發怒，
>
> 不計算人家的惡，不喜歡不義，只喜歡真理；
>
> 凡事包容，凡事相信，凡事盼望，
>
> 凡事忍耐，凡事要忍耐，愛是永不止息。

傳統社會強調「耐心」、「照顧」、「責任」，但並不十分懂得「尊重」；現代人較懂得「尊重」，但「照顧」、「責任」的能

力卻較弱。而對於感情的建立，筆者認為關鍵的因素就是「了解」。深入的了解是超越對自己的關懷，以他人的處境了解他人的感受（佛洛姆，1985：43），即我們今天所說的「用心聆聽」、「同理心」、「易地而處」。筆者發現很多現代人不但不能深入了解對方，連對自己的內心也不太了解，因而出現有的人被情慾所支配而不停追求激情關係，又有的對他人作情緒勒索，做出種種操控對方的行為，其實兩者都是太自我，並對自我缺乏了解的表現。按哲學家法蘭克福（Harry Frankfurt, 1971）分析，人的慾望有兩層，即「一階慾望」（first-order desire）和「二階慾望」（second-order desire），筆者將之理解為「淺層慾望」和「深層慾望」，可以說，很多現代人感受到即時的激情與情慾，但這些都只是「淺層慾望」，而忽略了「深層慾望」——與他者建立彼此尊重、穩定而長久的親密關係。所以筆者並不完全否定浪漫主義對於內在情感的追求，只是追求的應該是更深層的慾望，那裏亦是自由與真我所在，而非單單淺層的慾望和激情。

佛洛姆認為，愛需要能夠專注，而更根本的是能夠獨處，如「不看書、不聽收音機、不抽煙、不喝酒」，簡單地說，就是甚麼都不做，單獨與自己相處，但在現今科技社會，四處都可接觸到娛樂資訊和社交媒體，要獨處愈來愈困難。筆者認為，獨處不單是訓練專注力，亦是認識自我的重要途徑，在獨處中讓人可漸漸面對自己真實的內心，接觸內心深層的掙扎，與自己相處和對話。人若不懂得與真實的自我相處，亦不會懂得與他人相處建立關係。

約十年前有位朋友問我：「如果讓你再選擇，你會否選擇結婚？」我很詫異他這樣問我，便答道：「為甚麼不結婚？我覺得婚姻關係很好呀！」原來當時那朋友正與妻子為照顧子女看法分歧而產生很多磨擦。筆者以前在求偶的階段遇到很多困難和挫敗，有些是出於自己的性格問題，有些是來自對方的不成熟，筆者在結婚前已經歷很多磨練、反思和學習，可以說這婚姻是得來不易，所以很珍惜現有的婚姻關係，亦不會忘記昔日孤獨難耐的日子。筆者亦為我朋友今天能與妻子慢慢磨合出恩愛關係而高興。

　　很多現代人認為真愛是可以「不失自我而又尊重他者」，但筆者卻認為哪有這麼理想，婚姻關係是兩位不同成長背景的人走在一起，雙方多少都要放下一些自我、作出改變和遷就對方，這亦是自我成長的機會。有跨文化研究更指出，結婚的人一般比未結婚的人快樂（Weisfeld & Weisfeld, 2017: 8）。一段好的婚姻關係，不單當時人會感到幸福，對兒女成長、家庭穩定，甚至國家社會發展都有重要意義。故《禮記》說：「婚禮者，禮之本也。」《易經》亦說：「夫婦之道，不可以不久也。」今天看見很多新人為婚禮安排都花盡心思，除了「貪靚」之外，筆者相信這些亦反映不少現代人對婚姻的期盼和心願其實與過去一樣，都希望可以「執子之手，與子偕老」（《詩經 · 邶風 · 擊鼓》）。

參考書目

1. Adorno, Th.W. (1992). "On the Classicism of Goethe's Iphigenie". In *Id., Notes to Literature*, vol. 2. New York: Columbia University Press, pp. 153-170.

2. Allen, Ann Taylor. (1999). "Feminism, Social Science and the Meanings of Modernity: The Debate on the Origin of the Family in Europe and the United States, 1860-1914". *The American Historical Review*, 104(4), pp. 1085-1113.

3. Allen, W. Douglas. (2013). "High School Graduation Rates among Children of Same-sex Households". *Review of Economics of the Household*, 11:4 (2013), pp. 635-658.

4. Almond, Brenda. (2006). *The Fragmenting Family*. Oxford: Oxford University Press.

5. Apostolou, M. (2007)."Sexual Selection under Parental Choice: The Role of Parents in the Evolution of Human Mating". *Evolution and Human Behavior*, 28, pp. 403-409. Retrieved from http://www.ehbonline.org/.

6. Browning, Don S., Green, M. Christian & Witte, John, (2006). "Introduction to 'Sex, Marriage, and Family in the World Religions' ". In Browning, Don S., Green, M. Christian & Witte, John (Eds.),

Sex, Marriage, and Family in the World Religions. New York; London: Columbia University Press, pp. xvi-xxix.

7. Coontz, Stephanie. (2006). *Marriage, a History: How Love Conquered Marriage*. New York: Penguin Books.

8. Dillon, Lisa M., Nowak, Nicole T. & Weisfeld, Glenn E. (2017). "Sex and Infidelity". In *The Psychology of Marriage*, pp. 251-264.

9. Fortes, Meyer. (1987). *Religion, Morality and the Person: Essays on Tallensi Religion*. Jack Goody (Ed.). Cambridge: Cambridge University Press.

10. Frankfurt, Harry G. (1971). "Freedom of the Will and the Concept of a Person." *The Journal of Philosophy*. 68, no.1, pp. 5-20. Retrieved from https://doi.org/10.2307/2024717.

11. Hart, S.L. (2010). "The ontogenesis of jealousy in the first year of life: A theory of jealousy as a biologically-based dimension of temperament". In Hart, S.L. & Legerstee, M. (Eds.), *Handbook of jealousy: Theory, research and multidisciplinary approaches*. New York: Wiley-Blackwell, pp. 57-82. doi: 10.1002/9781444323542.

12. Hawkins, D.N. & Booth, A. (2005). "Unhappily Ever After: Effects of Long-Term, Low-Quality Marriages on Well-Being". *Social Forces*, 84(1), pp. 451-471.

13. Hendrick, C. & Hendrick, S.S. (1991). "Dimensions of love: A sociobiological interpretation". *Journal of Social and Clinical Psychology*, 10, pp. 206-230. Retrieved from http://guilfordjournals.com/loi/jscp.

14. Hung, Tsz Wan Andrew. (2022). "Confucian Ritual and Holistic

Moral Education". In Chan, Benedict S.B. & Chan, Victor C.M. (Eds.), *Whole Person Education in East Asian Universities: Perspectives from Philosophy and Beyond*. Abingdon; New York: Routledge, pp. 74-91.

15. Laqueur, Thomas. (1990). *Making Sex: Body and Gender from the Greeks to Freud*. Cambridge: Harvard University Press.

16. Marks, Loren. (2012). "Same-sex Parenting and Children's Outcomes: A Closer Examination of the American Psychological Association's Brief on Lesbian and Gay Parenting". *Social Science Research*, 41(4), pp. 735-751.

17. Maynes, Mary Jo. & Waltner, A. (2012). *The Family: A World History*. Oxford University Press.

18. Mercer, Christia. (2018). "The Philosophical Roots of Western Misogyny". *Philosophical Topics*, 46(2), pp. 183-208.

19. Morgan, Lewis Henry.（摩爾根）(1877). *Ancient Society* OR *Researches in the Lines of Human Progress from Savagery, through Barbarism to Civilization.*（中文譯本簡稱《古代社會》）New York: Henry Holt & Company.

20. Petrucciani, Stefano. (2021). *Theodor W. Adorno's Philosophy, Society and Aesthetics*. Cham: Springer International Publishing AG., pp. 143-148.

21. Raphals, Lisa. (1998). *Sharing the Light: Representations of Women and Virtue in Early China*. Albany: State University of New York Press.

22. Rosenlee, Li-Hsiang Lisa. (2006). *Confucianism and Women: A Philosophical Interpretation*. Albany: State University of New York Press.

23. Rowling, J.K. (2020). "J.K. Rowling Writes about Her Reasons for Speaking out on Sex and Gender Issues". Retrieved from https://www.jkrowling.com/opinions/j-k-rowling-writes-about-her-reasons-for-speaking-out-on-sex-and-gender-issues/. Accessed on 12 Nov. 2021.

24. Russell, Bertrand. (2004). *Why I am not a Christian and Other Essays on Religion and Related Subjects*. London: Routledge.

25. Schumm, W.R. (2018). *Same-Sex Parenting Research: A Critical Assessment*. London: Wilberforce.

26. Scruton, Roger. (2006). *Sexual Desire: A Philosophical Investigation*, New Edition. London: Continuum.

27. Smith, Nicole. (2021). "9 Reasons Why Second (and Third) Marriages Are More Prone to Divorce", *Survive Divorce*. 6 Sep. 2021. Retrieved from https://www.survivedivorce.com/second-marriage-divorce.

28. Stocking, George W. (1995). *After Tylor. British Social Anthropology, 1888-1951*. Madison: University of Wisconsin Press.

29. Strangor, Charles, Rajiv Jhangiani & Hammond Tarry. (2015). *Principles of Social Psychology: 1st International Edition*. Retrieved from https://opentextbc.ca/socialpsychology/. Accessed on 6 Nov. 2021.

30. Taylor, Charles. (2016). *The Language Animal: The Full Shape of the Human Linguistic Capacity*. Cambridge: The Belknap Press of Harvard University Press.

31. Tennov, D. (1999). *Love and limerence: The experience of being in love* (2nd ed.). Langham: Scarborough House.

32. Tu, Wei-Ming. (1968). "The Creative Tension between *Jên* and *Li*". *Philosophy East and West*, 18(1/2), pp. 29-39.

33. Tu, WeiMing. (1991). "Chinese philosophy: a synoptic view". In Deutsch, Eliot & Ron Bontekoe (Eds), *A Companion to World Philosophies*. Blackwell Publishing, pp. 3-23.

34. Tu, WeiMing. (1998). "Probing the 'Three Bonds' and 'Five Relationships' in Confucian Humanism". In Walter H. Slote & George A. De Vos. (Eds.), *Confucianism and the Family*. Albany: State University of New York Press, pp. 122-136.

35. Waite, Linda J. & Joyner, Kara. (2001). "Emotional Satisfaction and Physical Pleasure in Sexual Unions: Time horizon, Sexual Behavior, and Sexual Exclusivity". *Journal of Marriage and Family*, 63(1), pp. 247-264. Retrieved from https://doi.org/10.1111/j.1741-3737.2001.00247.x

36. Waite, Linda J., Don Browning, William J. Doherty, Maggie Gallagher, Ye Luo & Scott M. Stanley. (2002). *Does Divorce Make People Happy?* Institute for American Values.

37. Watson, Rubie S. (1991). "Afterword: Marriage and Gender Inequality". In Watson, Rubie S. & Ebrey, Patricia B. (Eds.), *Marriage and Inequality in Chinese Society*. Berkeley: University of California Press, pp. 347-368.

38. Weisfeld, C.C. & Weisfeld, G.E. (2017). "The Mysteries of Marriage: Its Functions, Evolution, and Development". In *The psychology of marriage*, pp. 3-23.

39. Weisfeld, C.C., Weisfeld, G.E. & Dillon, L.M. (Eds.). (2017). *The Psychology of Marriage*. Lanham: The Rowman & Littlefield Publishing Group.

40. Winston, R. *et al.* (2002). *Human Instinct* [DVD], BBC Education & Training; BBC Worldwide Ltd.

41. Winston, R. *et al.* (2013). *Child of Our Time*（《千禧 BB 檔案》）[DVD], BBC, Hong Kong: Distributed by MediaMatters.

42. Yu, Ying-shih. (1967). *Trade and Expansion in Han China: A Study in the Structure of Sino-Barbarian Economic Relations.* Berkeley: University of California Press.

43. 王利華（2007），《中國家庭史・先秦至南北朝時期》，廣州：廣東人民出版社。

44. 王靜（2013），〈論歌德從感傷主義到古典主義的精神轉變 —— 以歌德魏瑪前十年間的戲劇創作為例〉，《中國礦業大學學報：社會科學版》，Vol.15（2），頁 127-133。

45. 卡・馬克思（Karl Marx）(n.d.)，〈路易斯・亨・摩爾根《古代社會》一書摘要〉，中文馬克思主義文庫，檢自 https://bit.ly/2kFHD7R。

46. 弗里德里希・恩格斯（Friedrich Engels）(n.d.)，《家庭、私有制和國家的起源》，中文馬克思主義文庫，檢自 https://bit.ly/2NROrbg。

47. 伊沛霞（Patricia Ebrey）著，胡志宏譯（2004），《內闈：宋代的婚姻和婦女生活》(*The Inner Quarters: Marriage and the Lives of Chinese Women in the Sung Period*)，南京：江蘇人民出版社。

48. 伊曉婷（2011），「婚姻往事：休妻理由（下）」，《法律講堂》，CCTV12 社會與法，2011 年 9 月 2 日。

49. 向淑雲（1991），《唐代婚姻法與婚姻實態》，台北：商務印書館。

50. 朱炳祥（2004），《社會人類學》，武漢：武漢大學出版社。

51. 米夏埃爾・納斯特（Michael Nast）（2017），《愛無能的世代：

追求獨特完美的自我，卻無能維持關係的一代》，台北：天下雜誌，Google ebook。

52. 何宇軒（2018），《言為心聲：明清時代女性聲音與男性氣概之建構》，台北：秀威資訊科技有限公司。

53. 何善斌（2003），〈一看直截了當，細看大而無當的同志釋經〉（I、II），收於關啟文、洪子雲主編，《重尋真性 —— 性解放洪流中基督徒的堅持與回應》，香港：學生福音團契出版社，頁 224-253。

54. 余英時著，程嫩生、羅羣等譯（2008），《人文與理性的中國》，台北：聯經出版事業股份有限公司。

55. 佛洛姆（Erich Formm）著，孟祥森譯（1985），《愛的藝術》（再版），台北：志文出版社。

56. 吳飛（2014），〈母系社會與母權神話 —— 共識網專訪吳飛〉，檢自 http://hx.cnd.org/?p=105011。

57. 吳海雅（2018），〈婚前濫交　婚後專一？〉，《明報》，2018年 12 月 24 日。

58. 吳鉤（2015），〈宋朝女性的地位：不僅可以主動離婚，還能自由改嫁〉，澎湃新聞網，2015 年 9 月 18 日（本文摘自：吳鉤[2015]，《宋：現代的拂曉時辰》，桂林：廣西師範大學出版社），檢自 https://bit.ly/318iCSe。

59. 吳鉤（2015），《宋：現代的拂曉時辰》，桂林：廣西師範大學出版社。

60. 宋劍華（2014），〈感性與理性：論新文學啟蒙話語中的婚姻問題〉，《社會科學輯刊》第 5 期，頁 168-177。

61. 李山（2014），〈《詩經》中的不老愛情 01：婚姻的祝福〉，《百家講壇》，央視科教頻道（CCTV-10），檢自 https://bit.ly/2mEgByk。

62. 李亦園（1991），〈台灣漢人家族的傳統與現代適應〉，《中國家庭及其變遷》，頁 53-66。

63. 李奎原（2016），〈童養媳起源時代探究〉，《文化學刊》第 10 期，頁 47-49。

64. 李瑞軒、李冰（2011），〈從「和離」離婚制度看《唐律疏義》的歷史獨特性與先進性〉，《法制與社會》第 12 期，頁 298。

65. 杜維明著，段德智譯（2008），《《中庸》洞見》（*An Insight of Chung Yung*）（中英文對照），北京：人民出版社。

66. 亞里士多德（Aristotle）著，廖申白譯註（2003），《尼各馬可倫理學》，北京：商務印書館。

67. 周何（2012），《禮記：儒家的理想國》，台北：時報出版。

68. 易中天（2014），《中國的男人和女人》，上海：上海文藝出版社。

69. 林正勝著，林正勝編（2012），〈傳統的家族與家庭〉，《中國式家庭與社會》，合肥：黃山書社，頁 9-29。

70. 金陵（2007），〈媒人現象的社會作用及其演變〉，《東南文化》第 5 期，頁 73-76。

71. 雨亭（2019），〈縱有父母之命，亦非盲婚啞嫁〉，《文匯報》，2019 年 11 月 20 日，檢自 http://paper.wenweipo.com/2019/11/20/ED1911200006.htm。

72. 政府統計處（2018），《1991 年至 2016 年香港的結婚及離婚趨勢》，香港：政府統計處。

73. 柏拉圖（Plato），王曉朝譯（2002），《柏拉圖全集（第一卷）》，北京：人民出版社。

74. 洪子雲（2021），《中國人的家庭智慧》，香港：匯智出版。

75. 約翰·彌爾（John Stuart Mill）（2004），《論自由》，台北：臉譜出版。

76. 胡志彬（2008），〈淺議童養媳制度〉，《法制與社會》第 34 期，頁 375。

77. 胡適（1998），〈貞操問題〉，《胡適文集》第 2 集，北京：北京大學出版社，頁 503-510。

78. 苗延威（2006），〈未知的誘惑：纏足史研究的典範轉移〉，《近代中國婦女史研究》第 14 期，頁 243-253。

79. 孫芳苓（1995），〈性自主打破現代貞節牌坊〉，《台灣女性學學會》，檢自 http://twfeminist.org/modules/tadnews/pda.php?nsn=53&ncsn=0。

80. 高彥頤（Dorothy Ko）著，李志生譯（2005），《閨塾師：明末清初江南的才女文化》，南京：江蘇人民出版社。

81. 高彥頤（Dorothy Ko）著，苗延威譯（2009），《纏足：「金蓮崇拜」盛極而衰的演變》，南京：江蘇人民出版社。

82. 崔蘭琴（2014），〈唐律「七出」中的婦女利益維護：從無過者到無助者〉，《婦女研究論叢》第 4 期，頁 63-72。

83. 張一方（2008），〈原始社會母系氏族存在的普遍性質疑〉，《湖南城市學院學報》第 6 期，頁 31-34。

84. 張小軍（1996），〈女性與宗族〉，《二十一世紀》第 37 期，頁 150-159。

85. 張珣（2012），〈淺談我國古代妻妾的法律地位〉，《法制與社會》第 7 期，頁 3-4。

86. 張國剛（2012），《家庭史話》，北京：社會科學文獻出版社。

87. 張祥龍（2018），〈儒家會如何看待同性婚姻的合法化？〉，《中外醫學哲學》（XVI）第 2 期，頁 53-72。

88. 張靜靜（2015），〈阿多諾文學批評初探〉，《淮南師範學院學報》第 1 期，頁 76-80。

89. 張濤、項永琴(2012),《婚姻史話》,北京:社會科學文獻出版社。

90. 張懷承(1988),《中國的家庭與倫理》,北京:中國人民大學出版社。

91. 許佩瑜(2013),〈一位童養媳阿嬤的生命故事 —— 從自卑中淬煉堅毅〉(未出版碩士論文),台北:台灣師範大學。

92. 郭沫若(1954),《中國古代社會研究》,北京:人民出版社。

93. 陳中民(1991),〈冥婚、嫁奩及女兒在家庭中的地位〉,《中國家庭及其變遷》,頁 269-273。

94. 陳婉珊(2020),〈JK 羅琳反對跨性別運動意識形態的五個理由〉,《香港性文化學會・性文化資料庫》,2020 年 6 月 29 日,檢自 https://bit.ly/3G8OtXw。

95. 陳寅恪(1998),《唐代政治史述論稿》,台北:商務印書館。

96. 陳剩勇(1993),〈中國古代母系社會再認識〉,《學習與探索》第 1 期,頁 119-126。

97. 陳嘉凌(2017),《超譯漢字 —— 珍藏在時光寶盒的文字》,台北:五南圖書出版股份有限公司。

98. 陳榮捷(1988),〈孀婦再嫁〉,《朱子新探索》,台北:台灣學生書局,頁 789-792。

99. 陳瑤、黃海鵬(2012),〈從感生神話推論契、后稷時期由母系社會過渡至父系社會之商榷〉,《神話與文學論文選輯 2012-2013》,頁 17-35,檢自 https://bit.ly/2mGfq1n。

100. 陳曉華(2016),〈推薦序〉,載劉佳、周晶晶,《貞節只是個傳說:你不知道的明清寡婦故事》,台北:獨立作家,頁 5-9。

101. 喬健主編(1991),《中國家庭及其變遷》,香港:香港中文大學社會科學院暨香港亞太研究所。

102. 曾令愉(2013),〈「女子無才便是德」之原初語境、後代詮釋

及其歷史意義試探〉，《中國文學研究》第 35 期，頁 97-135。

103. 曾秋美（1998），《台灣媳婦仔的生活世界》，台北：玉山社出版事業股份有限公司。

104. 費孝通（1998），《鄉土中國生育制度》，北京：北京大學出版社。

105. 費孝通（2006），《江村經濟》，上海：上海人民出版社。

106. 馮偉才（2006），〈如何書寫中國女性身體史 —— 從纏足開始〉，《二十一世紀雙月刊》，10 月號，總第 97 期，頁 121-127。

107. 黃啟祥（2018），〈一陰一陽之謂道 —— 評「儒家會如何看待同性婚姻的合法化？」〉，《中外醫學哲學》（XVI）第 2 期，頁 83-87。

108. 黃啟祥（2019），〈論五四時期的「孝道悖論」〉，《文史哲》第 3 期，頁 24-34。

109. 黃暉明著，李明堃、黃紹倫編（1992），〈家庭〉，《社會學新論》，香港：商務印書館（香港）有限公司，頁 125-163。

110. 楊雅琪（2011），〈明代女教書與三言二拍所反映的女子學識教育觀異同〉，《人文與社會學報》，頁 109-135。

111. 董家遵（1979），〈歷代節婦烈女的統計〉，載鮑家麟編，《中國婦女史論集》（台北：牧童出版社），頁 150-159。

112. 雷潔瓊（1991），〈新中國建立後婚姻與家庭制度的變革〉，《中國家庭及其變遷》，頁 23-32。

113. 齊格蒙・鮑曼（Zygmunt Bauman）（2007），《液態之愛：論人際紐帶的脆弱》，台北：商周出版。

114. 劉佳、周晶晶（2016），《貞節只是個傳說：你不知道的明清寡婦故事》，台北：獨立作家出版。

115. 劉昌元（2000），〈論對「餓死事小，失節事大」的批評與辯

護〉，《二十一世紀雙月刊》第 62 期，頁 125-133。

116. 劉寶駒（2006），《社會變遷中的家庭：當代中國城市家庭研究》，成都：四川出版集團巴蜀書社。

117. 德里克（Dirlik, Arif），翁賀凱譯（2005），《革命與歷史：中國馬克思主義歷史學的起源，1919-1937》（*Revolution and History: Origins of Marxist Historiography in China, 1919-1937*），南京：江蘇人民出版社。

118. 歐慧英、李振邦（2012），〈多重身分的女媧：造人神話與治水神話分析〉，《神話與文學論文選輯 2012-2013》，頁 3-16。檢自 http://commons.ln.edu.hk/chin_proj_6/1/

119. 潘乃穆、潘乃和編（2000），《潘光旦文集》第 12 卷，北京：北京大學出版社版。

120. 蔡文雅（2017），〈貞節與貞潔〉，《台灣教會公報》，2017 年 8 月 31 日，檢自 https://tcnn.org.tw/archives/26013。

121. 鄭安然（2015），〈「性探索」是正面性教育？ —— 讓科學研究告訴你〉，《性文化資料庫》，2015 年 11 月 20 日，檢自 https://bit.ly/2HII1fx。

122. 駱芬美 2010，〈「女子無才便是德」！？華人歷史與文化課程單元設計〉，《銘傳大學通識學報》第 1 期，檢自 https://bit.ly/3piN89X。

123. 戴可景（1990），〈傳統文化與社會政策對婦女初婚年齡及生育率的影響〉，《社會學研究》第 4 期，頁 41-42。

124. 薄潔萍（2005），《上帝作證 —— 中世紀基督教文化中的婚姻》，上海：學林出版社。

125. 羅慧蘭、王向梅（2016），《中國婦女史》，北京：當代中國出版社。

126. 顧鑒塘、顧鳴塘（1996），《中國歷代婚姻與家庭》，北京：商務印書館。

127. 顧鑒塘、顧鳴塘（1996），《中國歷代婚姻與家庭》（增訂版），北京：商務印書館。